Daniel Meurois

Die Medizin der 3 S

Sexualität ~ Sinnlichkeit ~ Spiritualität

Eine Begegnung von Körper, Seele und Geist

Aus dem Französischen von Anja Schmidtke

SILBERSCHNUR VERLAG

ISBN: 978-3-96933-066-1

1. Auflage 2023

Übersetzung: Anja Schmidtke
Gestaltung & Satz: Beeg | graphics, Kirchheimbolanden
Umschlaggestaltung: XPresentation, Güllesheim; unter Verwendung verschiedener Motive von © Pooretat moonsana, shutterstock.com
Druck: CPI Books GmbH, Leck

Verlag »Die Silberschnur« GmbH · Steinstr. 1 · 56593 Güllesheim
www.silberschnur.de · info@silberschnur.de

Für meine liebe Mouffe Salem,

deren Seele so rein und liebevoll war

wie ein Kristall…

Inhalt

Prolog

FÜR DEN LOGOS

Vor einigen Jahren habe ich das Buch Advaita geschrieben, ein Werk, das sofort auf großes Interesse bei allen stieß, die auf der Suche nach einem kleinen Stück Land des Göttlichen in sich selbst waren, nach Seinem unauslöschlichen Abdruck. Es ist eine Suche, die uns meiner Ansicht nach einlädt, den wahren Schlüssel zu finden, der uns den Weg aus unseren menschlichen Irrungen und Wirrungen weisen kann.

Aber mit der Zeit und mit entsprechendem Abstand ging mir allmählich auf, dass *Advaita* eine Art Ergänzung oder Vertiefung sein wollte angesichts der verschärften, manchmal primären Dualität, von der unsere Gesellschaften immer mehr versklavt werden.

Tatsächlich ist der Kampf zwischen Körper und Geist überall im vollen Gange, selbst wenn bei uns im Westen, der immer mehr seine Identität verliert oder leugnet, der Geist nicht mehr besonders viel bedeutet gegenüber einer Materie, die einseitig verherrlicht wird, weil sie von ihrer essentiellen Natur und ihrem letztendlichen Ziel abgetrennt wurde.

Dieses Buch maßt sich natürlich nicht an, diesen Gegensatz aufzulösen, aber es möchte Wege zur Reifung aufzeigen, um das Leben und den Menschen unabhängig von den offensichtlichen Gegensätzen betrachten zu können, die uns von Tausenden Jahren des Unwissens verordnet wurden.

Denn es gibt keinen Zweifel: Das Fundament unserer Probleme als Spezies besteht im Unwissen über die erstaunliche, wunderbare "Dreiheit" von Körper, Geist und Seele, die eine Art Baum bilden, der durchaus Ähnlichkeit mit dem Baum der Erkenntnis haben könnte ...

Auf den folgenden Seiten ist daher von Wurzeln, einem Stamm und seinen Ästen die Rede, deren Lebenssinn es ganz natürlich ist, eine Frucht entstehen zu lassen, an der nichts "Verbotenes" ist, wie man uns es immer glauben machen wollte. Nein, absolut nichts Verbotenes, ist sie doch die Frucht des Erwachens, der Wiedervereinigung mit dem Gedächtnis unseres Ursprungs.

Ist es ein Tabu, sich etwas zuzuwenden, das uns uns selbst zurückgeben könnte? In den Augen mancher scheint das so zu sein, aufgrund einer Angst, die aus einer Borniertheit entstanden und erblich geworden ist, und aufgrund unserer Unfähigkeit, aus einer Hypnose zu erwachen, die uns zwingt, uns im Kreis zu drehen, um einen völlig sinnlosen Krieg zu schüren und immer weiter fortzuführen.

Dieses Buch möchte daher versöhnend wirken und ein Angebot sein, an uns selbst zu "arbeiten", auch wenn (wie ich es auch in Advaita erwähne) die Vorstellung von "Arbeit" uns oft eher davor zurückschrecken lässt.

Ich wende mich hierin an alle, die Mut im "beherzten" Sinne des Wortes und Willenskraft haben ... oder vielleicht ganz einfach an alle, die es müde sind, sich auf ausgetretenen Pfaden immer weiter um ihre eigene Achse zu drehen, an alle Männer und Frauen, die erkennen, dass wir, um uns über die beiden offiziell gegensätzlichen Grundprinzipien zu erheben, die Kraft haben müssen, uns ein drittes vorzustellen, das Miriam aus Magdala *"Das Voranbringende"* nannte ...

Daher der Baum, den ich weiter oben erwähnt habe, daher auch die drei "S" und ihre Medizin, das heißt die initiatorische Einweisung darin und ihre "metamorphe" Umsetzung in die Praxis.

Das erste "S" steht ganz offenkundig für die Sexualität in Bezug auf den Körper und seine erst missachtete und dann besudelte Würde, eine Sexualität, die mithilfe eines tantrischen Ansatzes betrachtet und gelebt wird.

Das zweite steht für die Sinnlichkeit in Bezug auf die Seele, die Vermittlerin einer möglichen geheimen Rolle der Sinne und ihrer erhebenden, weil initiatorischen, Funktion.

Das dritte schließlich steht für nichts anderes als die Spiritualität, deren letztendliches Ziel es ist, das gesamte Wesen zu transzendieren, indem sie die beiden vorherigen - in allen Bedeutungen des Wortes - umarmt.

Wenn ich hier nicht noch ein viertes "S" nenne, das Sakrale, dann deshalb, weil ich mich bemüht habe, es zugleich greifbar und subtil in jedem Wort zum Ausdruck zu bringen, das aus meiner Feder geflossen ist.

Tatsächlich geht es ja immer nur um Es, das uns jeden Tag einlädt, es zu verwirklichen und zu pflegen ...

Daniel Meurois

1. Teil

SEXUALITÄT

Kapitel I

ÜBERBLICK

Erst kürzlich - kommt es einem glaublich vor? - find' ich sie grübelnd, und warum? Sie stellt mir ganz naiv die Frage, ob zur Welt die Kinder kommen durch das Ohr!"[1]

Wenn ich hier ein Zitat von Molière als Einstieg in ein Buch über die Beziehung zwischen Körper, Geist und Seele wähle, dann deshalb, weil darin neben dem humoristischen, verspielten Aspekt bemerkenswerterweise ein Gedanke ausgesprochen wird, der einst in einer bestimmten christlich und römischen Literatur in Mode war. Heute wird man das natürlich verrückt und lächerlich finden, aber dennoch ...

In der Religion - nicht in der Spiritualität - hatte die Vorstellung, der Körper und damit auch "das Werkzeug zu seiner Herstellung", das Geschlecht, seien unweigerlich schmutzig, schon immer ihre Anhänger. Und auch wenn heutzutage niemand mehr die Behauptung wagen würde, Jesus sei *durch Marias Ohr erschaffen* worden, sind nach wie vor viele davon

---

[1] Molière in "Die Schule der Frauen", 1. Akt, 1. Auftritt. Auch Rabelais amüsierte sich über die Vorstellung und ließ Gargantua durch das linke Ohr seiner Mutter die Welt erblicken ...

überzeugt, das Fleisch sei für alle Zeiten unrein und deshalb der ewige Feind des Geistes.

Die christliche Argumentation dazu ist schnell gefunden: Wenn der Körper und sein Ausdruck durch das Geschlecht nicht abscheulich wären, warum sonst hätte der Göttliche Atem, verkündet durch Erzengel Gabriel, dann Jesus durch den Schoß einer Frau auf die Welt kommen lassen, die trotzdem Jungfrau geblieben war?[2] Ob wir gläubig sind oder nicht, unser kollektives Unbewusstes ist von all dem zutiefst geprägt.

Ich möchte hier gar nicht über komplexe theologische Begriffe streiten, sondern dazu einladen, einen Ausweg aus der Falle der kindlichen Dualität zu finden.[3]

Ohne linguistische oder philologische Pirouetten zu drehen, die uns nur zurück zu fragwürdigen, umstrittenen antiken Schriften führen würden, reicht schon etwas gesunder Menschenverstand, um zu verstehen, dass das Geistprinzip selbst unweigerlich eine Form herbeiruft und erzeugt, um sich manifestieren zu können. Und was ist Sich zu manifestieren anderes als zu *Sein*? Anderenfalls - verzeihen Sie mir, falls ich Sie damit schockiere - würde es doch nie etwas anderes geben als eine Art "große kosmische Onanie", die sich ständig um sich selbst dreht und zum Ersticken verurteilt ist, bevor sie überhaupt begonnen hat, an einen einzigen Atemzug zu denken.

Das Bild vom Trunk und vom Kelch ist freilich so alt wie die Menschheit, sodass ich es nicht überstrapazieren werde,

---

[2] *Siehe "Das Evangelium nach Lukas", I, 11-20 und 26-38.*

[3] *Siehe "Jesus - Die unbekannten ersten dreißig Jahre", Kapitel 9, S. 125-126, vom selben Autor, Silberschnur Verlag.*

ohne vorher nicht einen anderen als traditionellen Blick auf die wahre Natur des Kelches zu werfen, darauf, was er sein sollte, und zumindest wie er eigentlich gesehen werden sollte.

Werden wir noch lange blinde Horden sein, die nichts weiter in ihm sehen als einen mehr oder weniger "dekorierten" Papp- oder Plastikbecher, der möglicherweise den besten Champagner enthalten soll?

Ich möchte Sie jedenfalls dazu einladen, einmal in Betracht zu ziehen, dass sein wahres "Material", sein ursprünglicher Kristall, erst noch zu offenbaren und bewusst zu polieren ist, damit der "Spiritus" sich darin voll und ganz entfalten kann.

1

Zwischen Kult und Desinteresse

Seit dem antiken Griechenland hat sich keine andere Epoche so dem Körper und der Schönheitspflege verschrieben wie unsere. Jeden Tag bekommen wir zu hören, unsere Haut habe "gesund auszusehen", koste es, was es wolle, und man dürfe nicht die kleinste Falte und das geringste Anzeichen von irgendetwas Unerwünschtem darauf erkennen.

Wir versuchen, so gut wie möglich unsere Muskeln zu modellieren, nicht nur fürs Auge, sondern auch, um jederzeit Leistung bringen zu können, heißt es doch, Wettbewerb und die Jagd nach Extremen seien wichtige Voraussetzungen, um individuell Erfüllung zu finden. Die Gesellschaft honoriert sie, fasziniert vom schönen Schein und vom "Immer höher" und "Immer weiter".

All das ist sicherlich respektabel, das streite ich gar nicht ab. Es ist sogar verständlich, denn bei intensiver körperlicher Anstrengung schüttet unser Gehirn körpereigene Endorphine aus, natürliche Hormone, die zum Wohlbefinden beitragen.

Andererseits kann ich aber auch nicht umhin festzustellen, dass immer eine Zeit kommt, in der trotz allem Falten im

Gesicht entstehen oder Muskeln erschlaffen. Wir können noch so viel tun: Vor lauter Beschäftigung damit, ein Fahrzeug auf Hochglanz zu polieren oder den Motor an seine Grenzen zu bringen, vergessen die meisten von uns am Ende, *wer* es eigentlich gefahren hat und warum ihnen seine kostbare, komplexe Mechanik anvertraut wurde. Wenn wir uns zu sehr mit den oberflächlichen Körper- und Muskelfunktionen und ihrem krönenden Abschluss durch eine primäre Sexualität gleichsetzen, kann es leicht dazu kommen, dass wir uns nur auf sie beschränken und nicht *Das* sehen, was sich hinter ihren Masken verbirgt und vergebens zu rufen versucht: "Wer bin ich?"

Das Resultat? Leere. Kein Empfinden irgendeiner Lücke, sondern wirkliche Leere, die schwierig zu füllen ist. Dann erreichen wir gewissermaßen die "Endstation" einer Existenz und sagen uns: "Oh, da ist ja gar nichts." Aber tatsächlich ist dem gar nicht so, sondern wir *sehen* nicht, weil wir es uns angewöhnt haben, nichts zu sehen und nichts oder kaum etwas zu begreifen.

Unser Fahrzeug ist durch alle möglichen Szenerien gefahren, aber der Fahrer am Steuer hat nur die kindlichsten Ausdrucksformen seines Egos verwirklicht, ohne zu wissen, warum er den Weg überhaupt eingeschlagen hat. Vielleicht um eine begrabene Enttäuschung zu vergessen oder um eine uneingestandene Aggression zu kanalisieren ... Wir können immer einen Grund finden und ehrlich daran glauben.

Natürlich lässt sich nicht jeder von den Auswüchsen dieser Mode anstecken, die ich hier etwas karikiert habe. Aber ist die gegenteilige Einstellung konstruktiver? Mangelndes Interesse an der Pflege eines Körpers, der uns nicht geschenkt, sondern für die Zeit eines Lebens geliehen wurde, ist sicherlich nicht richtiger oder lobenswerter, als ihn übermäßig zu verherrlichen.

Wenn wir den physischen Körper unter dem Vorwand vernachlässigen, er sei nur Fleisch gegenüber Intellekt, Bewusstsein oder Geist, ist daran nichts bewundernswert, weil wir damit auf allem herumtrampeln, was das feine, unendlich kostbare Gleichgewicht namens Gesundheit ausmacht.

Ist Ihnen schon einmal aufgefallen, dass aus diesem Gleichgewicht eine Form von Schönheit entsteht, die von den klassischen Gesetzen der Ästhetik unabhängig ist? Sich ganz einfach um einen gesunden Körper zu kümmern, ist schon an sich ein schönes Ziel - wenn auch manchmal eine Herausforderung -, das uns näher zum Warum der Suche führt, die im Mittelpunkt dieser Seiten steht.

2

Die Entdeckung missachteter Erhabenheit

Damit möchte ich auf die Erhabenheit des menschlichen Körpers zu sprechen kommen, also auf sein wahres Potenzial und die Rolle, die ihm wieder eingeräumt werden sollte, vor allen seinen Gelüsten, Abhängigkeiten oder Ablehnungen und Ängsten, die er erzeugt. Ich möchte also über die schwankenden, zyklischen Phänomene hinausgehen, denen er in unterschiedlichen Kulturen immer unterworfen war und die heutzutage im Westen zu einer übertriebenen, ungesunden Sexualisierung führen.

Das wird mich ganz natürlich dazu bringen, ihn vertikal zu betrachten und nicht (ohne damit ein einfaches Wortspiel zu beabsichtigen) horizontal, also nach dem Bild dieser schleichenden Energie, mit der er immer allzu leicht in Anspielung auf die "Schlange" der Sexualität verbunden worden ist, die seit der verfälschten Erzählung der Genesis verdammt und missverstanden wird. Nebenbei bemerkt beginnt auch sie mit einem S, und zwar nicht nur in der französischen Sprache.

Denn ja, der menschliche Körper lässt sich durchaus vertikal betrachten, also anders als nur auf seine animalischen

Funktionen reduziert, die darauf ausgerichtet sind, seine Gelüste und Bedürfnisse vor allem zur Fortpflanzung zu befriedigen.

Es gibt ein Bild, das meiner Ansicht nach recht gut veranschaulicht, was der physische Körper ist oder vielmehr sein sollte. Es ist das Bild des Sprungbretts. Es ist horizontal, also symbolisch auf die Erde ausgerichtet, gleichzeitig aber dazu bestimmt, denjenigen, der seinen wahren Daseinsgrund kennt, in die Vertikale zu befördern. Wer also lernt, es anders als üblich zu nutzen, und nicht nur einen schönen Sprung damit bezweckt, der dem Gesetz der Schwerkraft gehorcht, kann sich "etwas anderes" daraus erhoffen. Denn der Körper und die Sexualkraft, durch die er in diese Welt geboren wird, können polarisiert werden, um die Gesetze der irdischen Anziehung zu sublimieren und so gemeinsam zu einem kostbaren Werkzeug des "Aufstiegs" zu werden.

Ist es eigentlich nicht genau das, was das Kreuz im Wesentlichen zum Ausdruck bringt? Ich weise darauf hin, dass ich hier nicht vom Kruzifix spreche, bei dem man vor allem an das Instrument einer Hinrichtung denkt, sondern von einem einfachen, ausgewogenen Kreuz, dessen Mittelpunkt, also dessen Herz, perfekt die zutiefst heilige Begegnung zwischen Erde und Kosmos veranschaulicht.

Auf dieser Entschlüsselungsebene des Archetypen des Kreuzes (des Herzens) ist das Grundprinzip des Menschen zu finden, das jeden dazu einlädt, sich durch das Meistern scheinbarer Gegensätze sich selbst zu offenbaren. Mit dem Grundprinzip des Menschen meine ich hier den Urkeim des Menschen oder auch die kristalline Saat des Göttlichen.

Wer wirklich versteht, was das bedeutet, kann entscheiden, eine gewaltige innere Revolution in Gang zu setzen, indem er den menschlichen Körper und seine sexuelle Energie als Begegnungsort zwischen dem aufnahmebereiten Mutterboden sieht, den das Fleisch als Offenbarer und Sprungbrett verkörpert, und der göttlichen Saat, die darin aufgenommen werden möchte.

Aber kommen wir noch einmal auf den Begriff der heiligen Begegnung zwischen Erde und Kosmos zurück, den ich eben bereits erwähnt habe.

Wer sich ein wenig für die vergleichende, jahrtausendealte Geschichte der großen Glaubens- oder Einweihungstraditionen unserer Welt interessiert, der denkt bei dieser Begegnung - die in Wirklichkeit in einer Verschmelzung mündet - sofort an *Quetzalcoatl*, eine der wichtigsten Gottheiten der Tolteken und Azteken auf dem südamerikanischen Kontinent. *Quetzalcoatl* bedeutet "gefiederte Schlange". Deutlicher lässt sich die Vereinigung des "Schleichenden" und "Fliegenden" nicht beschreiben ...[4] Es ist eine Vereinigung, die umso durchdringender und transzendenter ist, als *Quetzalcoatl* bis in die Tiefen der Materie (die Unterwelt) hinabgestiegen sein soll, um dort die Erlösung der Menschheit einzuleiten. Ist die Analogie zum Christusbewusstsein, das am Kreuz befreit wurde, hier nicht offensichtlich?

---

[4] *Einst sprachen die Alchemisten auf ihrer Suche nach dem "menschlichen Gold" des Bewusstseins von der Begegnung zwischen Mutter Erde und dem himmlischen Boten, dem Quecksilber, also Merkur, dessen berühmteste Attribute der Heroldstab und der Hahn (ein weiteres "beflügeltes Wesen") sind.*

Natürlich gibt es “Schlange und Schlange”, so wie es “Fleisch und Fleisch” gibt, je nachdem, ob man sie auf eine weltliche oder heilige Weise betrachtet. Während das “Fleisch Christi” in Form von Brot und Wein erlösend sein soll, ist die “Schlange” der sexuellen Energie in ihrer Erhabenheit keine einfache Natter, sondern eine Kobra, Trägerin einer Initiation.

Was tut eine Kobra, wenn sie “gereizt” wird? Sie richtet sich auf und flacht ihren Hals ab, als würde sie eine Art Flügel über ihrem Körper ausbreiten. Später werden wir noch sehen, worauf das hindeutet ... Aber zuerst einmal muss ich darauf hinweisen, dass die Kobra auch *Naja* oder *Naga* genannt wird.

Dieser Name ist alles andere als unbedeutend, denn in den ältesten hinduistischen Texten sind *Nagas* Gottheiten, die mit Vishnu in Verbindung stehen und traditionell die Rolle von Vermittlern zwischen Himmel und Erde einnehmen. Wäre in diesem Sinne nicht der große *Naga*, der Vishnu auf seinem gewundenen Körper trägt, eine Art Merkur oder, um den Ausdruck zu wagen, “Hausierer” des Heiligen Geistes, der Christus zum Mittler zwischen dem “Himmlischen Vater” und der Menschheit macht?

3

Das Mysterium der Kundalini

An dieser Stelle ist es unerlässlich, uns mit der Lebensenergie selbst zu befassen und uns genauer anzusehen, was die Traditionen *Kundalini* nennen. Dennoch werde ich hier vom Mysterium der *Kundalini* nur ansprechen, was davon für uns nützlich, also konstruktiv sein kann, ohne in die Komplexität östlicher Traditionen einzusteigen, die andere lexikalische Begriffe und Sichtperspektiven verwenden.

Vereinfachen wir also die Dinge und rufen wir uns in Erinnerung, dass die *Kundalini die* unermessliche Macht lichtvoller, gewundener Natur ist, die an der Basis des menschlichen Körpers auf der Höhe des Kreuzbeins wohnt. Genauer beschreiben die alten Texte sie als in dreieinhalb Windungen zusammengerollt, in einer Art Schlaf begriffen, aus dem sie nur allmählich erwachen darf, um sich schließlich am Tag der großen Erweckung vertikal entlang der Körperachse aufzurichten. Ihr Feuer ist dazu bestimmt, hintereinander die sieben Chakren anzuregen und zu entfalten, die sich auf dieser Achse befinden und auf diese Weise zu Zugangstoren zu zahlreichen Bewusstseinsebenen werden.

Ob wir diese gewundene Macht schlafen lassen wie eine simple unterschwellige Kraft, die nur auf die Keimdrüsen einwirkt, oder ob wir die göttliche Kobra in ihr anerkennen, hängt natürlich ganz von uns selbst ab oder genauer von unserem Willen und unseren Bemühungen, zu einer immer größeren Seelenreife zu gelangen.

Meiner Ansicht nach lassen sich diese Bemühungen und diese feste Ausrichtung des Geistes mit einem Wort zusammenfassen: Liebe. Aber der Begriff der Liebe ist unermesslich, da stimme ich zu. Irgendwie ist er ja ein einziges "Sammelsurium"...

"Liebe machen" kann für einige nur den sexuellen Akt bedeuten, die bedeutungslose Befriedigung eines Impulses, eines Gefühls, und für andere wiederum der aufrichtige, tiefe Ausdruck schöner, wenn auch immer wieder schwankender Gefühle sein.

Aber bevor wir uns in die spirituellen, kosmischen Höhen der wahren Liebe schwingen, sollten wir da nicht erst einmal ihrer geschlechtlichen Ausdrucksform und Sprache gerecht werden, indem wir ein wahres Werkzeug darin erkennen, das vom Göttlichen erschaffen wurde?

Weiter oben sagte ich es schon: Wenn die *Kundalini* ihre Spirale *allmählich* entfalten muss, dann ist das nur auf der soliden Basis eines physischen Körpers möglich, der voll und ganz angenommen und respektiert wird.

Am Sinnbild des Baumes, dessen Stamm die Achse für die Schlange des Bewusstseins ist, lässt sich leicht erkennen, dass seine Wurzeln, die erst horizontal verlaufen und dann hinab in die Erde reichen, unerlässlich für ihn sind. Wir müssen lernen, sie zu würdigen, denn auf ihre geschlechtliche und ins Gleichgewicht gebrachte Natur wird sich die *androgyne* Natur der *Kundalini* am Ende stützen[5].

Fassen wir nun einmal die “Dinge” in einer Sprache zusammen, die für alle (oder fast alle) verständlich ist, denn mir ist aufgefallen, dass dieser Bereich ziemlich unklar ist, selbst bei jenen, die felsenfest davon überzeugt sind, alles “genau zu verstehen”.

Zunächst einmal ist die *Kundalini* mit einer Spiralfeder vergleichbar, wie sie in der Uhrmacherei verwendet wird, um die Bewegung eines Pendels anzutreiben. Übertragen auf den Menschen stellt sich natürlich die Frage: Wer zieht diese Feder auf? Gott? Aber *Wer* ist Gott? Ohne sein Mysterium direkt ergründen zu wollen, richten wir unseren Blick erst einmal auf unser eigenes Bewusstsein oder gar auf unser Suprabewusstsein, je nach der Ebene unseres Schlafes, unserer Lethargie oder unseres Erwachens.

In der aktuellen Phase unserer Entwicklung scheint mir klar, dass es den allermeisten von uns nur sehr eingeschränkt gelingt, die Spirale unserer energetischen Feder aufzuziehen, gerade genug, um für die Zeit einer Existenz unser persönliches Pendel von rechts nach links und wieder zurück zu bewegen und so die Uhr unseres Körpers in der von ihren Zeigern angezeigten Zeitlichkeit zu verankern.

---

[5] *Es ist interessant, dass in der altgriechischen Tradition die Gottheit Merkur als androgyn galt. Im Übrigen ist Merkur in Form eines halbfesten Stoffes mit Zinnober verwandt, einem roten Erz. Ist es nicht erstaunlich, dass das Basis-Chakra der Wirbelsäule, Muladhara, traditionell mit der Farbe Rot assoziiert wird?*

Auf der Ebene der feinstofflichen Anatomie des menschlichen Organismus entspricht die rechte, männliche Position dieses Pendels dem energetischen Kanal, der traditionell *Pingala* genannt wird, während die linke, weibliche Position mit *Ida* bezeichnet wird.

Hier müssen wir verstehen: Durch die (wenn auch schwache oder mäßige) Kraft ihrer Feder, die aus den unterschiedlichsten Gründen kaum aufgezogen oder eingespannt wurde, muss die Lebensenergie zirkulieren, um zu Sein und nicht zu implodieren. Deshalb bringt sie ganz natürlich *Ida* und *Pingala* zum "Schwingen". Diese beiden Kraftströme überkreuzen sich dann auf der Ebene der Chakren der Körperachse und versorgen sie in gemäßigter Form.

Diese Form des relativen Gleichgewichts, dieser Zustand, ist bei den meisten von uns so vorhanden und erstreckt sich auf extrem lange Zeiträume in zahlreichen Leben ... solange das Bewusstsein und dann ganz allmählich auch das Suprabewusstsein nicht den Willen und die Kraft finden, die Spiralfeder der *Kundalini* wirklich zu dynamisieren. In diesem Stadium nämlich ändert sich alles ...

4

Der Prozess des Erwachens

Wird diese Phase auf eine harmonische Weise erreicht, dann werden die Schwingungen von *Ida* und *Pingala* so schnell und machtvoll, dass sie sich vereinigen und ein intensives, lichtvolles Signal zum Scheitelpunkt des Wesens senden, woraufhin sofort ein wahrer Blitzschlag das Kreuzbein trifft. So wird die *Kundalini* entfesselt und befreit.

Was geschieht dann? Die eingerollte Macht der Kobra entfaltet sich, indem sie den zentralen *Sushumna*-Kanal der Körperachse weitet, den Zugang zum Absoluten. Dieser naturgemäß androgyne Kanal ist, erinnern wir uns, der Kanal des Merkur und direkt mit dem Göttlichen verbunden.

Dann explodiert der Augenblick des Erwachens im wahrsten Sinne des Wortes. In seiner Zeitlosigkeit kann sich nun das siebte Chakra entfalten und damit die "Krone" des inkarnierten Menschen offenbaren. Über den Symbolismus dieser Krone hinaus drängt sich auch das Bild einer Lichtfontäne auf, die über dem Scheitel entspringt, wie es in der klassischen Ikonografie dargestellt wird.

Es sollte uns also nicht überraschen, dass dieser letzte "solide" Bereich des menschlichen Körpers, der sich nach der Geburt schließt, "Fontanelle" genannt wird ...[6]

Etymologisch bedeutet der Begriff "kleine Fontäne", was etwas im Widerspruch dazu steht, wie sie strahlt, wenn ihr Licht sich ausbreitet. Mir persönlich sagt eher die Lesart einiger Alchemisten zu, die darin eine "neue Fontäne" der Wiedergeburt des Wesens und seiner Körperlichkeit sehen, die als edles Sprungbrett hin zur Transzendenz anerkannt wird.

In Wirklichkeit entspricht das lichtvolle Hervorsprudeln des siebten Chakras einer "Ejakulation des Bewusstseins" in seiner Mission, unsere Welt zu besäen. Es ist das Zeichen der Eingeweihten und natürlich auch der Erwachten oder bald Erwachten. Diese "Ejakulation von oben" ist die Reaktion auf eine "Zündung des Wesens von unten". Wieder einmal bestätigt sich damit die berühmte Kernaussage des Hermes Trismegistos ("Hermes des Dreifachen") in der Tabula Smaragdina: *Was oben ist, ist wie das, was unten ist* und *Was unten ist, ist wie das, was oben ist.*

---

[6] *Anatomisch gesehen gibt es im Wesentlichen zwei Fontanellen, eine kleine im hinteren, oberen Schädelbereich und eine "große", die sich mehr hin zum vorderen Bereich der Schädeldecke befindet. Aus dieser entspringt die überaus lichtvolle Fontäne des siebten Chakras Sahasrara. Es ist der Bereich des kausalen, schöpferischen Bindu aus dem Hinduismus. Hier ist auch die Existenz eines "sekundären" Bindu zu erwähnen, das der kleinen Fontanelle entspricht. Dabei handelt es sich um das feinstoffliche Zentrum, das beim üblichen, "energetisch horizontalen" Geschlechtsverkehr durch die Aktivität von* Ida *und* Pingala *angeregt wird. Es ist der eigentliche Ursprung des Spermas und der zur Fortpflanzung notwendigen Flüssigkeiten.*

Was den Begriff der Einweihung betrifft, so sehe ich darin eher die Zündung[7] des "Motors" desjenigen, der sich innerlich in Bewegung gesetzt hat und alle Aspekte der Materie in ihrer Heiligkeit erkennt.

Bei diesen Überlegungen muss ich an einen sehr alten vedischen Ritus denken, bei dem man zwei Holzstücke übereinander kreuzte und dann durch die "Herbeirufung" eines Blitzes an ihrem Begegnungspunkt, also in ihrem Herzen, ein Feuer entfachte.

Ja, immer wieder das Herz ... anders ausgedrückt die Liebe in der Universalität aller ihrer Ausdrucksformen und Dimensionen.

Und da wir gerade dabei sind, über das feurige Element zu sprechen, scheint es mir hilfreich, an seine drei unterschiedlichen Formen zu erinnern: Feuer, Blitz und Sonne, und analog dazu der Körper als Schmelztiegel, die Seele als Zünder und der Geist, um alles zu schüren und eine Art Dampf daraus freizusetzen ... Die Quintessenz des Christusherzens, diese Liebe, die alles mit ihrer Gegenwart auflodern lässt und zum Leuchten bringt und Oben und Unten, Krone und Königreich, kosmischen Atem und Seine mögliche Fortsetzung durch die sexuellen Flüssigkeiten Zwiesprache halten lässt.[8]

---

[7] *Im französischen Original macht der Autor durch ein Wortspiel auf den ähnlichen Klang der Wörter "ignition" (Anfeuerung, Zündung) und "initiation" (Einweihung) aufmerksam.*

[8] *In den Veden heißt es, dass Agni, die Sonnengottheit, die als Botschafterin zwischen dem Menschen und dem Göttlichen auftritt, einen Samen hervorbringt, der auf das Mineralreich übertragen nichts anderes als Gold ist. Alles kommuniziert und führt uns zurück zur selben himmlischen "Mechanik", welcher Kultur auch immer wir uns zuwenden.*

Keine Sorge, ich möchte Sie hier nicht mit Begriffen und Vergleichen aus allen möglichen Kulturen überhäufen, sondern nur auf ein weites Forschungsfeld hinweisen, das einem Wesen nützlich sein kann, das sich anders als intellektuell darin zu versenken weiß. Wie gesagt geht es auf diesen Seiten nicht darum, Informationen um ihrer selbst willen anzuhäufen, sondern darum, ihr Wesen, ihre tiefe Absicht, ihre Essenz zu ergründen.

Deshalb möchte ich hier einfach mit einem hebräischen Wort schließen, das die Präsenz des Göttlichen in dieser Welt aufzeigt: *Shekhina*. Es ist ein weiblicher Begriff, der zum Beispiel im Tempel des Salomon in Jerusalem genutzt wurde.

Vor diesem Hintergrund und um unsere Perspektive zu erweitern: Lässt sich nicht sagen, dass auch der menschliche Körper, der im Fels der Erde verwurzelt ist, ein Großer Tempel ist?

Ich lade Sie ein, ihn gut zu pflegen ...

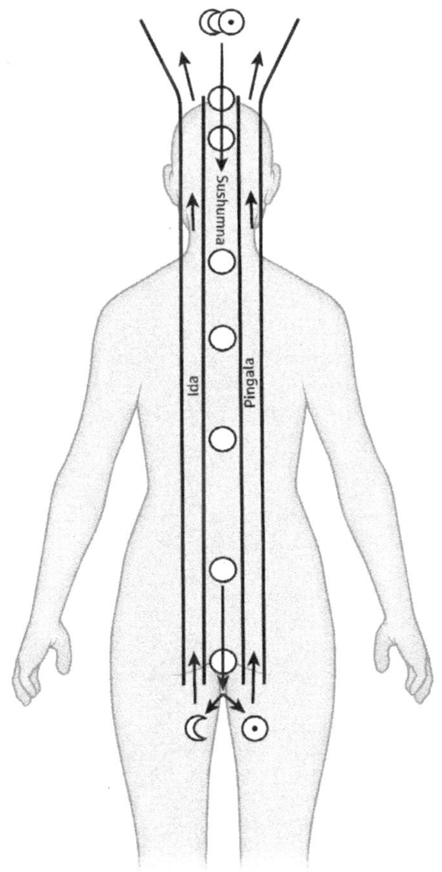
Sushumna
Ida
Pingala

Kapitel II

DIE PFLEGE DES TEMPELS

Wir haben es schon ansatzweise gesehen: Dem Tempel, der der menschliche Körper ist, liegt eine unsichtbare Architektur zugrunde, die wir, selbst wenn wir ihr Vorhandensein akzeptieren, nur selten in unseren alltäglichen Einstellungen berücksichtigen. Wer könnte etwas anderes behaupten? Und wenn wir versichern, das anzuerkennen oder zu wissen, wenden wir diese Prinzipien trotzdem nur sehr selten auf unser Verhalten an, um ausgetretene Pfade zu verlassen.

Bei der Akupunktur zum Beispiel akzeptieren wir bereitwillig die Vorstellung, dass unser Organismus von einem nicht greifbaren Energienetz durchzogen ist. Aber meistens erkennen wir nicht, dass wir dabei das Pferd von hinten aufzäumen.

Denn nicht unser Skelett, unsere Organe oder allgemein unsere körperliche Dimension erzeugen diese feinstofflichen Kanäle. Genau das Gegenteil ist der Fall! Mit anderen Worten entwirft unsere unsichtbare Wirklichkeit den Grundriss und veranlasst dann durch Verdichtung unsere physische Manifestation.

Ich kann Ihnen versichern: Wenn wir diese grundlegende Wahrheit verinnerlicht haben, verändert das alles! Alles nimmt dann eine andere Farbe und einen anderen Duft an. Wir beginnen, die Welt der Phänomene hinter uns zu lassen, um die Welt der Ursachen zu entdecken. Allmählich und in Demut lernen wir, unser eigener Arzt zu werden, dessen Berufung es ist, "Sorge zu tragen" ...

Wie ich schon öfters geschrieben habe, bezeichneten die Ärzte im antiken Griechenland sich selbst als "Weber" in dem Sinne, dass sie "die menschliche Materie" mittels miteinander verknüpfter horizontaler und vertikaler Fäden "bearbeiteten". Das führt uns mitten in unser Thema und ist es mir wert, erstmals einen Begriff zu verwenden, bei dem es immer wieder zu Fehlinterpretationen, ja sogar zu so manchen Wahnvorstellungen kommt ... Es handelt sich um das Wort *Tantra*, das allgemein auf die Vorstellung des "Webens" verweist.

1

Tantra

Aber was genau ist eigentlich *Tantra*? Es ist eine hochstrukturierte Sammlung von Praktiken mit meditativer Grundlage, die dazu bestimmt sind, die Wunden zu verbinden, vernarben zu lassen und zu heilen, die dem Körper und dem Geschlecht im Laufe der Zeiten und Kulturen zugefügt wurden. Die Absicht ist von großer Bedeutung, denn diese Wunden hindern den Geist und das höhere Bewusstsein daran, das ganze Wesen zu engagieren und zu befrieden und damit Dualität und innere Kämpfe zu transzendieren.

Was ist der Ursprung dieser Verletzungen? Tatsächlich gibt es drei, und jeder hat mit Sexualität zu tun: mit ihrer Unterdrückung, mit ihrer entfesselten Befreiung und schließlich mit der Verneinung ihrer Bedeutung und der daraus folgenden Entscheidung, sie zu ignorieren. Mit dem Angebot, "Sorge zu tragen" und diese Verletzungen zu behandeln, stellt sich die wahre Disziplin des Tantra also als Medizin dar, die auf die "Heilung der inneren Haltung" abzielt.

Dieses Buch möchte allerdings keine "tantrische Abhandlung" sein. Dann würde es hochkomplex werden, ganz zu schweigen davon, dass einige Begriffe nur direkt von Mund zu Mund weitergegeben werden können. Auf den folgenden

Seiten schlage ich Ihnen deshalb einfach einige Grundpraktiken im Einklang mit einer Ausrichtung des Bewusstseins vor, die begünstigt, was man eine "edle menschliche Haltung" nennen könnte. Es wird um die Öffnung für eine Lehre gehen, die auf zwei Prinzipien beruht:

- Erstens, die immanente, allwissende Präsenz des männlichen Aspektes des Göttlichen, die mit *Shiva* oder dem *Heiligen Geist* in ihrem "aufrüttelnden" oder überwältigenden Ausdruck gleichzusetzen ist.
- Zweitens, die weibliche Präsenz der *Shakti*[9] oder auch des Heiligtums der *Schechina* in Erwartung ihres Erwachens unter der symbolischen Erscheinungsform der Schlange der *Kundalini*.

Ist es nicht erstaunlich und interessant, hier der archetypischen Assoziation Evas zu begegnen, der "ersten Frau" des Alten Testaments, und der Schlange des Baums der Erkenntnis?

Das Verständnis, das uns im Westen darüber vermittelt wurde, scheint damit vollkommen falsch zu sein. Die wahre biblische Schlange ist keineswegs die Schlange des Bösen, sondern im Gegenteil die Schlange des weiblichen Heiligtums, die darauf wartet, ihre treibende, initiatorische und befreiende Rolle im menschlichen Körper zu spielen.

Wenn uns die Tragweite dieser schrecklichen Fehlinterpretation klar wird, sollte es uns nicht weiter überraschen,

[9] *Shakti symbolisiert im Hinduismus den weiblichen Gegenpart von Shiva, der dritten Macht der Trimurti (Brahma, Vishnu und Shiva).*

dass die Frau unter dem heimtückischen Druck mancher religiöser Strömungen *regelmäßig* im kollektiven Unbewussten verteufelt oder herabgesetzt wurde und als böse Verführerin galt. Es ist eine "Geschichte", die komplett neu aufgerollt werden muss!

Wie auch immer, auf unserem Weg erfordert der Ausgleich des Männlichen und Weiblichen in uns die gründliche Entschlackung und Reinigung der wichtigen Kanäle *Ida* und *Pingala*.

Hier also nun zunächst einige grundlegende Praktiken, mit denen diese Arbeit angegangen werden kann, beginnend mit der Beschreibung der entsprechenden Körperhaltungen. Auch wenn sie elementar sind, möchte ich sie dennoch aus methodischen Gründen noch einmal in Erinnerung rufen.

2

Einfache, aber grundlegende Körperhaltungen

Der klassische Lotussitz, halbe Lotussitz oder auch Schneidersitz. Es ist Sache des Einzelnen, den für ihn bequemsten zu wählen, je nach Muskelflexibilität oder natürlichen Anlagen.

Halber Lotussitz

Schneidersitz

Der Frosch. Dabei knien wir uns mit geradem Rücken hin und spreizen stark die Knie und die Fersen, um uns dann auf diese zu setzen. Die Hände liegen mit den Handflächen nach unten auf den Knien.

Froschhaltung von hinten

Die Totenhaltung. Auf den ersten Blick ist sie so belanglos, dass man sie fast nicht als "Haltung" bezeichnen würde. Dabei legen wir uns auf einen bequemen Untergrund mit leicht vom Körper abgespreizten Armen und Beinen auf den Rücken. Die Füße sind vom Körper weg gerichtet, die Handflächen zeigen nach oben. Ganz natürlich lädt diese Haltung zu tiefer Entspannung ein ... was gar nicht so einfach ist, da hierzu jeder einzelne Muskel im Körper und auch der Geist entspannt werden müssen, der akzeptiert, an keinem noch so kleinen vorüberziehenden Gedanken anzuhaften.

Nachdem wir die ausgestreckte Haltung eingenommen haben, gehen wir in unserer Vorstellung in Ruhe alle Teile unseres Körpers durch, angefangen bei den Füßen über die Beine, das Becken und so weiter bis zum Gesicht und seinen zahlreichen Muskeln, die oft unwissentlich angespannt sind. Erst dann geht es darum, seelisch möglichst ganz und gar loszulassen ...

3

Atemübung in vier Phasen

Durch sie sollen gleichzeitig die feinstofflichen "Hüllen" von *Ida* und *Pingala* geweitet werden, um die Beseitigung von energetischen Schlacken zu begünstigen, die sich auf ihrem Weg im *ätherischen* Gegenpart des physischen Körpers angesammelt haben.

Technisch gesprochen ist auch diese Übung sehr einfach. Aber sie ist eine Säule, auf die wir nicht verzichten können, auch wenn sie durch ihre Einfachheit den Eindruck erwecken kann, nur zu einer banalen Entspannung zu führen.

a) Atmen Sie im Lotussitz, halben Lotussitz oder Schneidersitz zunächst sehr sanft und sehr lange so tief Sie können in drei oder vier aufeinanderfolgenden Rucken ein, bis Ihre Lunge vollständig gefüllt ist, ohne etwas zu erzwingen.

b) Bleiben Sie mit voller Lunge im Atemstillstand so lange Sie können, ohne dass es unangenehm für Sie ist.

c) Atmen Sie die Luft sehr sanft und sehr langsam ebenfalls in kleinen Rucken aus.

d) Bleiben Sie so lange wie möglich mit leerer Lunge, so lange es angenehm ist.

Nachdem diese vier Atemphasen beendet sind, führen Sie diesen Ablauf in Ruhe noch einmal genauso durch. Sie können diesen Zyklus je nach Ihrem Atempotenzial drei-, sechs- oder neunmal hintereinander wiederholen. Natürlich empfiehlt es sich, diese Aufeinanderfolge nur ganz allmählich durchzuführen, ohne irgendeine persönliche Herausforderung darin zu sehen.

Da es sich nicht einfach um ein "Training", also eine Art Gymnastik des Brustkorbs, handelt, sondern um eine spirituelle Übung, muss Ihr Bewusstsein ständig auf eine Einladung der göttlichen Präsenz in den Kelch gerichtet sein, der Ihr Körper in Wirklichkeit ist.

e) Um den Zyklus abzuschließen, nehmen Sie so lange die Totenposition ein, wie es Ihnen guttut ... und möglichst ohne einzuschlafen, damit Ihr waches, vom Heiligen durchdrungenes Bewusstsein auf Ihre Haupt-Nadis einwirken kann.

4

Dreiecks-Übung

Dabei handelt es sich um eine Reihe besonders wirkungsvoller Haltungen, die speziell den Bereich des Kreuzbeins anregen, wo *Ida* und *Pingala* mit der eingerollten Kraft der *Kundalini* verbunden sind. Hier geht es natürlich um eine maßvolle Anregung, die wie alle hier aufgeführten Übungen von jedermann durchgeführt werden kann. Idealerweise wird sie im Lotussitz, halben Lotussitz oder auch einfach im Schneidersitz durchgeführt.

a) Nehmen Sie diese Sitzhaltung mit möglichst geradem Rücken ein und lassen Sie sich zunächst einmal Zeit, sich gut zu zentrieren. Formen Sie dann mit Ihren Händen auf der Höhe Ihres Gesichtes ein *nach oben zeigendes* Dreieck. Dabei berühren sich oben beide Zeigefinger und unten beide Daumen. Ihre Handrücken sind auf Sie gerichtet.

b) Lassen Sie Ihren Blick sich einen Moment lang in dem leeren Raum verlieren, der in der Mitte des Dreiecks entstanden ist. Schließen Sie dann die Augen und führen Sie das von Ihren Händen geformte Dreieck zu sich heran bis an Ihre Stirn. Ihre Daumen sind nun im horizontalen Kontakt mit Ihren Augenbrauen.

c) Laden Sie Ihre Augen ein, hinter Ihren geschlossenen Lidern zu schielen, ohne irgendetwas zu erzwingen, sondern im Gegenteil ganz sanft.
Zwischen Ihren Augen werden Sie relativ einfach (oder vielleicht auch mit ein bisschen Praxis) einen indigoblauen Lichtpunkt wahrnehmen. Dabei handelt es sich um die Widerspiegelung Ihres Stirn-Chakras, *Ajna*, des berühmten "Dritten Auges" oder *Horus*-Auges. Erzwingen Sie auch hier nichts, sondern überlassen Sie sich nur Ihrer Wahrnehmung und danken Sie dabei dem Göttlichen in Ihnen für diesen Moment der Gnade.

d) Atmen Sie tief ein, während Sie langsam die Augen öffnen. Atmen Sie dann in Ruhe aus und lassen Sie dabei sanft das von Ihren Händen geformte Dreieck bis auf die Höhe Ihres Schambeins hinabsteigen. Das Dreieck wird sich ganz natürlich mit der Spitze nach unten ausrichten; es wird sich also umkehren, Ihre Handflächen zeigen nun zu Ihnen und sind im Kontakt mit diesem Bereich Ihres Körpers.

e) Ohne zu versuchen, irgendetwas zu visualisieren, überlassen Sie sich nun der intuitiven Wahrnehmung einer Lichtspirale, die sich in der Mitte Ihres Dreiecks um sich selbst dreht und dort den gesamten Raum einnimmt. Idealerweise dreht sich die Spirale im Uhrzeigersinn, zuerst "flach", dann "im Feld". Falls Ihnen diese Wahrnehmung Probleme bereitet, achten Sie nicht weiter darauf, denn Ihr Geist darf in seiner Aufmerksamkeit nicht abgelenkt werden.
Bleiben Sie in dieser Haltung, so lange Sie möchten, entspannt und mit einem möglichst leeren Geist, ohne sich bei irgendetwas aufzuhalten, das Ihnen eventuell in den Sinn kommt. Atmen Sie währenddessen ganz frei weiter.

f) Nun kommen wir zum "Wendepunkt" der Übung. Lassen Sie zunächst in Ruhe das Dreieck los, das auf Ihrem Schambein liegt, lassen Sie Ihre Arme auf den Boden hinunterhängen und legen Sie sich dann sehr langsam und harmonisch auf den Rücken, während Sie die Beine ausstrecken, bis Sie in die "Totenhaltung" gelangt sind.

g) Winkeln Sie nach einer kleinen Pause ein Bein an (dasjenige, bei dem es sich spontaner ergibt), und zwar so, dass die Ferse am anderen Bein anliegt, etwa auf halber Höhe zwischen Knie und Dammbereich.
Nehmen Sie bei Bedarf eine Hand zu Hilfe, damit Ihre Ferse korrekt anliegt und leichten Druck auf den gewünschten Bereich ausübt. Versuchen Sie, ohne etwas zu erzwingen und ohne Schmerzen zu empfinden, Ihr angewinkeltes Bein auf dem Boden abzulegen.

Unmerklich bilden Sie auf diese Weise ein weiteres Dreieck und setzen automatisch einen neuen Energiekreislauf in Gang. Dieser beginnt in Ihrem Dammbereich, setzt sich zum von Ihrer Ferse erzeugten Druckpunkt fort und verläuft dann von dort zum Knie Ihres angewinkelten Beines ... um schließlich an Ihrem Oberschenkel aufzusteigen und wieder zum Ausgangspunkt im Dammbereich zurückzukehren.

h) Versuchen Sie mit geschlossenen Augen, an diesem Kreislauf entlang einen Lichtstrom zirkulieren zu lassen, zuerst sehr langsam, dann mit der Gewöhnung immer schneller. Wichtig ist, dass dieser Strom in Ihnen fließend ist. Hierfür lässt die Empfindung des Dreiecks ganz natürlich der Wahrnehmung einer Kreisbewegung Raum. Versuchen Sie nicht, das zu korrigieren, sondern erleben Sie diesen “Energiekreis” im Gegenteil bewusst und so harmonisch wie möglich.

Sie werden feststellen, dass der Lichtstrom, wenn Sie Ihr rechtes Bein angewinkelt haben, im Uhrzeigersinn kreisen wird.

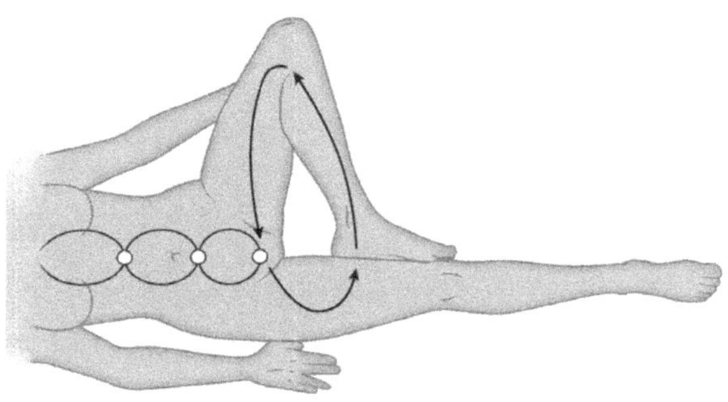

Wenn Sie hingegen Ihr linkes Bein angewinkelt haben, verläuft der Strom gegen den Uhrzeigersinn. Dafür gibt es einen logischen Grund: Die rechte Körperseite, die von *Pingala* kontrolliert wird, ist solarer Natur, während die linke, die im Wesentlichen von *Ida* reguliert wird, lunar ist.

In derselben Übungseinheit ist es natürlich wünschenswert, beide Durchführungen dieser Haltung abzuwechseln. Dennoch kann es Tage oder Zeiten geben, wenn Sie spontan fühlen, dass Sie eine Seite bevorzugen sollten. Hören Sie immer auf Ihren Körper.

Hinweis: Falls Sie immer zur selben oder fast zur selben Uhrzeit üben, werden Sie vielleicht bemerken, dass eine bestimmte Seite meistens mehr Aufmerksamkeit verlangt. Der Grund dafür liegt in der hochpräzisen Funktionsweise des feinstofflichen menschlichen Organismus. Interessant ist hier zu wissen, dass etwa alle zwei Stunden entweder die Aktivität von Ida *oder die Aktivität von* Pingala *an der Körperachse dominiert. Es erinnert an das Bild des Uhrpendels, das im vorherigen Kapitel erwähnt wurde.*

5

Übung der drei Bandhas

Im menschlichen Körper gibt es drei wichtige Kontraktionsbereiche, die merklich zur Reinigung beitragen können, die *Ida* und *Pingala* und alle Nadis insgesamt regelmäßig benötigen.

Diese drei Kontraktionspunkte sind der Anal-, der Magen- und der Halsbereich. In der hinduistischen Tradition werden sie *Bandhas* genannt. Der Begriff bezeichnet einen Verbindungs-, Verriegelungs- oder Rückhaltepunkt, der eine willentliche Betätigung einer Reihe von Muskeln erfordert, die als Ringmuskel fungieren.
Folgendermaßen können Sie dies üben:

a) Nehmen Sie den Lotussitz, halben Lotussitz oder Schneidersitz ein. Lassen Sie dann mit geradem Rücken, aber ohne sich dabei zu verkrampfen, ein Gefühl von innerer Ruhe in sich entstehen. Atmen Sie währenddessen abwechselnd durch ein Nasenloch ein und das andere aus. Drücken Sie dazu jedes Mal leicht mit einem Finger – Daumen oder Zeigefinger – auf den Nasenflügel, der nicht aktiv sein soll.

Üben Sie dies langsam und ganz bewusst sechs- oder achtmal hintereinander.

b) Füllen Sie nach einer kurzen Pause Ihre Lungen und ziehen Sie dabei gleichzeitig die drei oben genannten *Bandhas* zusammen, ohne etwas zu erzwingen und so lange, wie es Ihnen nicht unangenehm ist.
Entspannen Sie die Muskeln wieder, atmen Sie langsam aus, legen Sie wieder eine Pause ein, atmen Sie erneut tief ein und beginnen Sie erneut, Ihre drei Bandhas zusammenzuziehen.
Wiederholen Sie dies vier-, sechs- oder höchstens achtmal und konzentrieren Sie sich dabei auf die Natur, also die Essenz, Ihres Atems beim Ein- und Ausatmen. Diese geistige Ausrichtung ist sehr wichtig, denn von ihr hängt zu einem guten Teil ab, wie wirkungsvoll die Übung ist.
Wie bei allen Atemübungen zur allmählichen Erleuchtung der körperlichen Wirklichkeit durch das Sprungbrett, das seine sexuellen Funktionen darstellen können, wird Ihnen bewusst sein, dass in erster Linie nicht Luft in Ihre Lungen dringt.
Sie werden sich darin üben, "die Tatsache zu leben", dass es sich vielmehr um ein außergewöhnlich lebenstragendes Licht handelt.
Je mehr Ihr Bewusstsein sich spontan diesem Verständnis zuwendet, bis es zum inneren Wissen wird, desto mehr wird der Lichtstrom, der der Luft zugrunde liegt, *Ida* und *Pingala* weiten. Diese Erweiterung wird allmählich zu einer immer gründlicheren Abtragung der energeti-

schen Abfälle führen, die in Ihrem feinstofflichen ätherischen Organismus feststecken.

Mit etwas Gewöhnung werden Sie also die göttliche Strömung in Ihrer tiefen “Architektur” immer fließender integrieren und regulieren können.

6

Die tiefe Natur der göttlichen Strömung

Bei einem Thema wie diesem fällt uns als erstes Wort das aus dem Sanskrit stammende *Prana* ein. Das ist nicht falsch, aber trotzdem scheint es mir etwas zu schematisch zu sein. Denn es ist so wichtig, dass es verdient, genauer differenziert zu werden. Ich bin überzeugt: Je besser wir die Alchemie unserer inneren Vorgänge verstehen, umso mehr erlangen wir die Fähigkeit, uns bewusst weiterzuentwickeln, damit das Feinstoffliche und das Grobstoffliche sich immer besser miteinander verbinden.

Meine Nachforschungen und Erfahrungen haben mich zu der Auffassung gebracht, dass diese göttliche Strömung oder dieser göttliche Atem, den ich immer anspreche (auch in den oben beschriebenen Übungen), genau wie der Baum der Erkenntnis dreifacher Natur ist.

Meiner Ansicht nach besteht sie aus *Äther*, *Prana* und *Akasha* in der Reihenfolge ihrer Weiterentwicklung und einigenden Macht. Wenn wir uns eine Blume vorstellen, könnten wir analog von ihrem Geruch, dann von ihrem Duft und ihrer Essenz sprechen.

All das mag als bloßes Sammelsurium aus Wörtern oder Konzepten erscheinen, die nur zu rein philosophischen Überlegungen gut sind. Aber weit gefehlt, denn wenn wir Tag für Tag das Heilige in unsere körperliche Wirklichkeit einladen, gelangen wir vom einfachen Geruch Seiner Inkarnation hin zu der Essenz, die daraus hervorgehen will.

Deshalb sage ich noch einmal: Welche Haltungen auch immer in welcher technischen Perfektion ausgeführt werden, niemand wird großartig über das Stadium der "Übung" hinausgelangen, solange nicht das Herz - also die Liebe - der Dirigent ist.

Natürlich gibt es Abstufungen in den Ausdrucksformen der Liebe, wie ringförmige Schichten oder Lagen im Stamm eines gefällten Baumes. Von der Intimität unseres Körpers zu der unseres Geistes zu reisen, bedeutet also, uns von unserer Rinde zu unserem Harz zu begeben, während wir unser verzweigtes Wesen in seiner Gänze betrachten. Wenn Sie einem Baum sein Harz nehmen, stirbt er. Wenn Sie den Körper und seine sexuelle Wirklichkeit verunreinigen und ablehnen, wird dem Heiligen der Weg abgeschnitten.

Manche werden erwidern, dass es doch den Weg des Gebetes verbunden mit dem Weg der Hingabe gibt. Das ist richtig, aber es würde mich sehr überraschen, wenn irgendwo ein verwirklichtes Wesen existiert, das Leben um Leben damit verbracht hat, den erhabenen Ausdruck seines eigenen Körpers durchweg abzulehnen. Weist die vom Christentum verkündete "Auferstehung des Fleisches" nicht tatsächlich auf dessen Sublimierung hin? Mit anderen Worten auf die Bestimmung, von Licht durchdrungen statt als Überbleibsel verstanden zu werden?

Deshalb ist die anspruchsvolle Disziplin des *Tantra* vor allem eine Einstellung des inkarnierten Geistes, der sich die Verschmelzung ausnahmslos aller Dimensionen des Wesens zur Aufgabe gemacht hat.

a) *Äther*

Es wäre nicht sinnvoll, hier näher auf dessen komplexen Aufbau einzugehen[10]. Lieber möchte ich darauf hinweisen, dass diese "Flüssigkeit" aufgrund ihrer relativen Materialität von jedem wahrgenommen und vor allem als grundlegendes Instrument zur Reinigung verinnerlicht werden kann, nachdem wir ihre ständige Präsenz in uns erkannt haben. Es ist eine Präsenz, die keinen Lärm macht, sondern einen erfrischenden "Geschmack" hat für den, der sich bemüht, die göttliche Quelle in jedem Lufthauch wahrzunehmen, den er einatmet und dessen innerer Reise er zu folgen versucht.

Wir sprechen hier also von einer maßgeblichen Ausrichtung des Bewusstseins. Trotzdem müssen wir darauf achtgeben, es nicht zu einer Art obligatorischen "Gymnastik" werden zu lassen, die irgendwann zu einer fixen Idee würde. Am besten ist es, dieser Ausrichtung des Bewusstseins einfach jeden Tag mehrmals ein paar Momente zu widmen, unabhängig von irgendeiner Körperhaltung. Wenn wir den Sinn dahinter verstehen, entsteht allmählich und sachte ein Automatismus, ohne dass der Wille und der analytische Verstand es bemerken. Machen Sie die Erfahrung und aus dieser Erfahrung eine Gewohnheit ...

Auf diese Weise treten Sie sanft in die Dynamik einer beständigen Einladung ein, Ihr Wesen vom Göttlichen durchdringen zu lassen. Dann beginnt Ihr "Kelch" poliert zu werden.

b) Prana

Durch das Polieren dieses Kelches wird der ihm innewohnende Kristall so gut sichtbar, dass die prickelnden Perlen des *Pranas* mehr als je zuvor seinen ganzen Wert offenbaren. Nicht nur der Körper des Göttlichen besucht dann Ihren Körper, sondern auch Seine Seele lässt sich darin nieder und nimmt liebevoll einen immer größeren Raum darin ein.

Je mehr also Ihr Bewusstsein in Ihrem Tun und in der Klarsicht in Ihren kleinen täglichen Gesten zugegen ist, desto größer ist der Anteil des *Pranas*, das sich mit dem Äther Ihres Organismus vermischt, um ihn zu nähren.

Ohne dass Sie es bemerken, wird dadurch Ihre Aura - die zugleich ein Schutzschild und ein ausstrahlendes Feld ist - dynamisiert und bewirkt, dass Sie alles, dem Sie sich nähern, "mit Schönheit anstecken".

Noch dazu beschleunigen sich die Wellenbewegungen von *Ida* und *Pingala* entlang Ihrer Körperachse, sodass Ihr Schwingungsniveau ansteigt. Zwar wird Ihr Leben dadurch nicht einfacher, da ja bekanntlich das Licht den Schatten anzieht und fasziniert. Aber es wird zur Substanz, zum Sinn und zur Bedeutung Ihrer Gegenwart in dieser Welt beitragen. So werden Sie allmählich zu einem wahren Pilger des Lebendigen, einem Wesen, das entschlossen seinem Erwachen entgegengeht, einem Diener des Heiligen.

c) *Akasha*

Akasha ist nicht einfach nur ein Licht, ein "Super-Prana", sondern *Das* Licht ... Sein vom Geist des Göttlichen ausgehendes Strahlen wird von einem Ton begleitet. Er ist nichts anderes als der Ton der Ursprünge, das Wort.

Aus all dem folgt: Es ist unvorstellbar, dass ein inkarnierter Mensch, so fortgeschritten er auch sein mag, ausschließlich von *Akasha* durchdrungen ist, denn dann wäre er weder sichtbar noch greifbar. Wir werden also auch hier von einem Anteil "Akasha-Flüssigkeit" sprechen, den es immer mehr ins Selbst aufzunehmen gilt, nachdem das Erwachen eingesetzt hat.

Sobald ein *Akasha*-Netz regelmäßig entlang von *Ida* und *Pingala* zu zirkulieren beginnt, beginnt der *Sushumna*-Kanal sich zu weiten, bis er das so genannte "Keim-Atom" im Herzen des *Anahata*-Chakras anregt.

Damit beginnt eine neue Phase der Verwandlung, die allmählich zur Befreiung der Schlange der *Kundalini* führen kann. Es sind entscheidende Momente, mit denen das höhere Bewusstsein die Seele in ihrer inkarnierten Persönlichkeit prüft[11]. Bei dieser Prüfung geht es um das Streben nach Macht, nach *allen* Arten von Macht: Unterwerfung anderer durch Autorität, Besitztümer, sexuelle Unterwerfung natürlich, und auch der unsachgemäße

[11] *Das Ego in allen seinen Aspekten.*

Gebrauch bestimmter Fähigkeiten, in die Struktur der Materie einzugreifen.

Es ist leicht nachzuvollziehen, warum diese Entwicklungsphase den Menschen an einen Scheideweg führt. Es ist die Zeit der Versuchungen. Wird jeder von uns diesen Zustand im Laufe Tausender Inkarnationen "eines Tages" kennenlernen? Ja und nein ...

Mit sich selbst konfrontiert zu werden, ist auf dem Weg jedes Pilgers hin zur Quelle unvermeidbar. Vermeidbar ist aber, irgendwann vor einer unverhältnismäßigen Falle zu stehen, die vehement dafür sorgt, dass negative Überbleibsel des Egos wieder machtvoll an die Oberfläche kommen.

Der Schlüssel, um sich diese Falle nicht selbst zu stellen und die Prüfung vorauszusehen, ist immer derselbe, denn er weist auf die universelle Sprache: Es ist die Sprache der Macht wahrer Liebe, erlangter Höhe und Klarsicht, die mit dieser Emanation des Göttlichen einhergeht. Mit anderen Worten geht es um die christliche, kosmische Essenz, die diese Liebe im Laufe der Zeitalter geduldig entwickelt.

Es ist die Art von Liebe, die bewirkt, dass zum Beispiel beim Zubereiten von Essen das Licht und der Ton in Ihrem Wesen die Nahrung bildhaft gesprochen dazu veranlassen, eine Melodie zu singen, die wie ein Gebet ist.

Die *Kundalini* möchte immer sanft durch diese liebevolle Haltung angesprochen werden. Ihre "Spiralfeder" soll also nicht plötzlich und gewaltsam entfesselt werden, da ihre Entriegelung unbedingt harmonisch verlaufen muss, wie eine "Eisschmelze", die von der Sonne orchestriert wird.

Auf der intimen Ebene wird dieser Prozess, der die Emanationen des Körpers, der Seele und des Geistes des Göttlichen miteinander vereint, Sie in eine andere Dimension der Sexualität und des Umgangs mit dem sexuellen Akt selbst führen.
Am Ende könnten Sie wie einst Pharao Echnaton feststellen, dass es kaum eine Grenze zwischen der so genannten menschlichen Liebe und der göttlichen Liebe gibt.
Diese Wahrheit werden wir nun versuchen uns genauer anzusehen, zu verstehen und zu verinnerlichen.

Kapitel III

IM BRAUTGEMACH

Da das wichtigste Ziel der hier vorgestellten "Medizin" die Liebe im vollständigsten, erhabensten und kosmischsten Sinne des Wortes ist und wir in unserem Thema weit genug gekommen sind, ist es jetzt an der Zeit, uns mit der Sexualität selbst zu beschäftigen.

Was könnte auch logischer und notwendiger sein, denn niemand, selbst diejenigen, bei denen man schon ahnt, wie "durch und durch spirituell" sie sind, kann leugnen, das Ergebnis eines sexuellen Aktes zu sein.[12] Ich werde also hier vom Geschlechtsverkehr als solchem sprechen, wenn auch auf eine völlig andere Weise, als es in dieser Welt meist üblich ist.

Machen wir uns nichts vor: Wenn die meisten von uns ans "Liebemachen" denken, denken sie vor allem an ein

---

[12] *Natürlich lasse ich hier die wenigen, raren Wesen außer Acht, die die antiken Traditionen des Himalaya Mahavatars nennen (zum Beispiel Babaji), weil sie die Fähigkeit besitzen, sich selbst zu erzeugen, sich zu verdichten, so sehr sind sie eins mit der Essenz der Sonne. Man denkt hier auch an Mithras, der sich durch einen Fels selbst erzeugt, aus dem er Wasser quellen lässt.*

"Vergnügen", das man sich nimmt, wie aus einem tierischen Reflex heraus. Freilich gehört dieses Vergnügen ganz natürlich zu einem aufrichtigen gegenseitigen Austausch dazu, wenn nicht nur ausschließlich die Körper daran beteiligt sind. Wesentlich seltener entsteht dabei aber der Wunsch, dem anderen "etwas viel Subtileres" zu schenken ... einfach deshalb, weil wir gar nicht auf die Idee kommen, dass dieses "Etwas" überhaupt existieren könnte.

Aufgrund der gelockerten Moral in unserer Gesellschaft hat das egoistische Vergnügen sicherlich klar die Oberhand. Für einige ist es ganz "normal" geworden, schon nach dem ersten Date miteinander "ins Bett zu steigen" ...

In diesem Buch geht es aber natürlich eindeutig um dieses "etwas Subtilere", das wir dem anderen zu schenken versuchen, und zwar nicht einfach auf der Basis von Gegenseitigkeit, sondern aus Liebe zur Liebe, in dem, was ich gerne die "Himalayas des Bewusstseins" nenne.

Das Ziel dabei ist es, Freude in uns aufsteigen zu lassen, indem wir *vor allem* darum bemüht sind, unserem Gefährten oder unserer Gefährtin ein Hochgefühl zu schenken, bei dem etwas unbeschreiblich Subtiles sich mit dem Körper vermischt, um ihn zu sublimieren.

Ist das eine Herausforderung für uns? Keineswegs. Es ist eine Herzenshaltung, die es zu entdecken und kennenzulernen gilt und die sich als befreiend für denjenigen erweist, der sie in sich trägt.

Sie werden feststellen, dass ich die Wörter "Gefährte und Gefährtin" anstelle des modischen "Partner oder Partnerin" verwende, denn Letzteres hat für mich eine Art technische Gefühllosigkeit, die nicht hierher passt.

Etymologisch ist im Französischen der "Gefährte" ("compagnon") jemand, mit dem man sein Brot teilt[13]. Geht es hier in unserem Fall nicht um das Brot des Geistes, der Verbundenheit mit dem Lebensatem? Auch wenn es in einer anderen Zeit mit anderen Bildern entstanden ist, so ist es genau dieses Prinzip des gekneteten, gebackenen und geteilten Brotes, das im Mittelpunkt des *Tantra* steht.

An dieser Stelle möchte ich darauf hinweisen, dass unsere Gesellschaft ständig *Tantra* und *Tantrismus* miteinander verwechselt. Tatsächlich ist der Begriff *Tantrismus* erst recht spät im Westen aufgekommen. Erst ab dem 19. Jahrhundert wird er überhaupt erwähnt. Ich persönlich betrachte ihn als eine Art "Ableitung" vom Wort *Tantra*, sozusagen als "Nebenprodukt" nach dem Aufkommen der New-Age-Bewegung im letzten Viertel des vergangenen Jahrhunderts. Es war eine Bewegung, die, so wegweisend und wichtig sie auch war, ziemlich schnell von allen möglichen Auswüchsen verdrängt wurde, die nichts mehr mit der Befreiung des Wesens und der Sublimierung der Materie durch das Fleisch zu tun haben.

Historisch und traditionell soll der Gott *Shiva* der Menschheit das *Tantra* geschenkt haben, die seit ihrem Abstieg in den unvermeidlichen, involutionären Kreislauf des *Kali Yuga*, des Eisernen Zeitalters, in diesem gefangen war. Seine Disziplin und Methode basieren auf der Grunddynamik des Begehrens.

---

[13] Auch das französische Wort für "Freund, Kumpel" ("copain") stammt daher. Es ist die moderne, "entschärfte" Version von "compagnon", was aber kaum jemandem bewusst ist.

1

Über die Natur des Begehrens

Das mag viele von uns überraschen, da man ihnen immer wieder gesagt hat, auf einem spirituellen Weg dürfe man absolut gar nichts begehren, sondern müsse alles verweigern oder gar ablehnen, was mit der materiellen Welt zu tun hat, natürlich bis hin zur sexuellen Enthaltsamkeit.

Allerdings hängt alles davon ab, was wir unter Begehren verstehen. Wenn wir in unserem Kontext von Begehren sprechen, geht es nicht um den Reflex der inkarnierten Persönlichkeit, die regelmäßig auf dieses oder jenes "Lust" hat, um sich vorübergehend Befriedigung zu verschaffen. Und noch viel weniger geht es um Begierde oder Lüsternheit!

Das Begehren, das im *Tantra* liegt, spricht von einer heiligen Magnetisierung und einer Suche nach Ganzheit in einer Dynamik, einem Momentum reiner Liebe. Es zeugt vom Wirken der großen kosmischen Triebkraft, die alles, was sich zersetzt hat, einlädt, sich wieder zusammenzusetzen und wieder zu vereinen, um schließlich miteinander zu verschmelzen. In diesem Sinne definiert es recht gut das *Coagula* der Alchemisten.

Alles, was also auf die Annäherung der Polaritäten zwischen zwei Wesen vorbereitet, sowie der sexuelle Akt selbst in seiner heiligen und heiligenden Variante wird so zur logischen Fortsetzung des ursprünglichen Begehrens, wie es vom Göttlichen gegenüber Seiner Schöpfung empfunden wird. Nichts in Ihm ist Trieb, Drang nach Genugtuung oder gar Befriedigung.

Im Folgenden wird also alles, was die Annäherung der Körper und den Geschlechtsverkehr selbst betrifft, die Bedeutung einer Liturgie haben, einer Andacht im Tempel oder in der Kathedrale unseres Wesens.

Daher ist klar, dass der Gefährte, die Gefährtin oder der geliebte Mensch, mit dem oder der wir uns auf diesen Weg begeben, völlig im Einklang mit diesem tiefen Prozess sein muss, also seinen oder ihren Weg nicht simuliert, um sich das Ganze "einmal anzusehen" oder um "ein Spiel zu spielen", dessen tiefer Sinn ihm oder ihr entgeht und wenig bedeutet.

Natürlich können wir immer bis zu einem bestimmten Punkt in eine ähnliche Richtung gehen und uns dabei unbewusst vormachen, einander zu ergänzen ... um dann am Ende allein dazustehen. Das kann passieren, und es wird sicherlich nicht umsonst gewesen sein. Trotzdem sollten wir uns von vornherein über diese Möglichkeit im Klaren sein, um Verletzungen zu vermeiden.

Wird das Begehren des Unerkennbaren gegenüber Seiner Schöpfung auch von allen ihren Bestandteilen "bis zur Vollendung" geteilt? Auf einige ihrer "Zellen" trifft das zu. Was die anderen betrifft, so kann man eher von einer Art "Baustelle" sprechen.

Nachdem wir diese Wahrheiten gut verinnerlicht haben, ergreifen wir nun unseren Pilgerstab und machen wir uns auf den Weg zur Entdeckung und gelassenen, heiteren Wiedereroberung des Selbst unseres Begehrens.

2

Unsere Haut als Pforte

Unser Weg führt uns nun direkt hin zur der Erkenntnis, welche wichtige Rolle unser größtes Organ innehat. Es ist ein Organ, das wir gar nicht als solches betrachten: unsere Haut.

In allen Epochen und Kulturen war die Haut ungeachtet ihrer Farbe, Behaarung und Glätte schon immer unser erster Ort des Austauschs mit anderen Menschen, der Natur, der Welt und dem Universum. Ob sie atmet, schwitzt, sich entzündet, austrocknet oder sich weitet, weil sie auf ihr Umfeld reagiert, womöglich ist sie das erste Transportmittel, durch das der Göttliche Atem das Wirken Seiner Inkarnation weitergibt und in uns den initiatorischen Ausdruck Seines Begehrens einleitet.

Gedanklich können wir uns das leicht vorstellen, aber es ist auch so, dass die Haut mittels ständiger Impulse durch unsere Körperachse entlang zweier besonderer Kanäle den Thalamus mit Informationen versorgt. Wir kennen diese Kanäle schon: Es sind *Ida* und *Pingala* ... auch wenn die Medizinwissenschaft sie natürlich nicht so benennt.

Von den unterschiedlichen Bereichen und sensitiven Ebenen des Körpers aus übermittelt *Ida* dem Thalamus alles, was im Wesentlichen mit Berührungen zu tun hat, mit der Fähigkeit, die Glätte oder Elastizität eines Stoffs zu ertasten oder seine Härte, Weichheit, Seidigkeit und so weiter zu spüren.

Pingala wiederum bezieht sich auf Temperatur, Wohlbefinden oder Schmerzen. In dieser Funktion dient es gewissermaßen als Messgerät und nimmt eine schützende Rolle ein.

Am überraschendsten ist allerdings, dass das griechische Wort *thalamos* ursprünglich "Brautgemach" bedeutet und der Beweis ist (falls es überhaupt einen brauchte), dass die Ärzte von einst *Ida* und *Pingala* bereits mit einem zentralen Hirnbereich in Verbindung brachten, der im Zusammenhang mit dem heiligen Bund des weiblichen und männlichen Prinzips steht[14]. Gibt es eine klarere Art und Weise, die "Himmlische Vermählung" zu bezeichnen, die im *Tantra* angestrebt wird?

Hier findet die Aufgabe der Haut als Übermittlerin und direktes Bindeglied ihre ganze Bedeutung, denn klar ist: Das Herabsteigen des Geistes in die Materie ist eine Liebkosung von Ihm an Sie.

Während wir uns dem "hochzeitlichen Mysterium" annähern, das im Mittelpunkt der Disziplin des *Tantra* steht,

[14] *Siehe "Jesus' Jüngerinnen - Das geistige Erbe der drei Marien" desselben Autors, "Das Brautgemach", 7. Kapitel. In der Alchemie bezeichnet im Übrigen das "Schlafgemach" den Raum, in dem sich König und Königin begegnen. Jeder kann das für sich selbst übersetzen ...*

werden wir immer besser verstehen, welche Bedeutung der direkte Kontakt mit dem Körper des Gefährten oder der Gefährtin hat.

Durch die Berührung der Haut wird unvermeidlich die Seele angesprochen, was nach wie vor Angst bereiten kann, so sehr, dass manche zwar den tantrischen Weg respektvoll betrachten, trotzdem aber in der Annäherung und Vereinigung des Männlichen und Weiblichen nur ein Symbol sehen wollen, das in die Einsamkeit der Meditation einzubinden ist. Es ist ihre Entscheidung ... Aber in Wirklichkeit erhalten sie den Gegensatz von Körper und Geist so nur weiter aufrecht und bleiben außerhalb der Essenz des *Tantra*. Ihr "Ja, aber" ist dann eine Grenze, die die Erreichung von *Advaita*, also des ultimativen Einsseins mit Allem, weiter hinausschiebt.

3

Riten des Vertrautwerdens

Mir scheint, dass auch außerhalb jeder tantrischen Disziplin die Berührung der Haut des “anderen” niemals belanglos sein sollte, sondern immer der erste Satz eines zärtlichen Gesprächs. Ist Zärtlichkeit nicht eine Art natürliche Vorhalle, die den Weg zu Liebe und Mitgefühl weist?

Ich bin immer wieder überrascht, dass die meisten spirituellen Pfade sie kaum erwähnen. Vielleicht einfach deshalb, weil etwas dezent Sinnliches in ihr liegt, durch das das Unsichtbare zu sehr dem Sichtbaren und damit Greifbaren nahekommt ... Eine Art *Terra incognita,* die Angst macht oder zumindest einschüchtert.

Aber wie auch immer - diese Seiten existieren, um mit Respekt und Freude die unbekannten Bereiche unseres Wesens entdecken zu helfen. Hierfür ist es unabdingbar, dass wir vertrauter mit dem anderen und uns selbst werden. Bei dieser Methode geht es also erst einmal darum, die Gegenwart des Gefährten oder der Gefährtin zu “ertasten”, bevor wir uns von seinem oder ihrem Blick umarmen lassen. Einfacher oder zarter geht es nicht ...

a) Die Heiligkeit des "Rücken an Rücken"

Ganz einfach Rücken an Rücken mit dem geliebten Menschen zu sein, ist ein Ritual, an das wir normalerweise überhaupt nicht denken. Aber wenn wir es wirklich "leben" möchten, kann es auf eine wunderbare Weise das "erhabene Begehren" in uns aufsteigen lassen.

Im Lotus- oder Schneidersitz ermöglichen wir es dabei unseren beiden großen Rückenleitbahnen *Ida* und *Pingala*, ineinanderzugreifen und gewissermaßen vertraut miteinander zu "sprechen". Wir wenden uns ein wenig nach innen, und das tiefe innere Leben des anderen kommt zu uns und regt durch die Sensoren unserer unbedeckten Haut die Bewegung des Atems in uns an. In der scheinbaren Dunkelheit unseres Schädels beginnt sich das Brautgemach durch sein eigenes Licht zu erhellen ... Lassen wir also seiner "rosigen Morgendämmerung" Zeit für ihre Liebkosung.

Wenn sie sich in all ihrer Schönheit manifestiert hat und sich wirkliche Verbundenheit zwischen dem anderen und uns eingestellt hat, fühlen beide gleichzeitig oder fast gleichzeitig, dass es notwendig ist, "einen Schritt weiter" zu gehen.

b) Die verkannte Magie des "Von Angesicht zu Angesicht"

Diese Magie stellt sich fernab von den glühenden, leidenschaftlichen Blicken ein, die uns in den meisten Filmen präsentiert werden und keine Viertelstunde überdauern.

Dazu genügt es, wenn jeder sich in seiner Sitzposition sanft umwendet und dann dem Blick des anderen begegnet, um mit seiner Gegenwart mehr denn je ein subtiles, gemeinsames Licht zu teilen - das Licht der Vermählung beider Auren.

Es ist die stillschweigende Einladung, sich *das,* was geschieht, bewusst zu machen.

Die Knie berühren sich, die Haut gibt ihre Botschaften weiter ... Ein Knie kann ja so vieles erzählen! Was sagt es vom anderen in uns und von uns im anderen? Was auch immer - durch sie laden unsere Körper einander ein, ein bisschen mehr loszulassen, um in eine andere Dimension des Vertrauens einzutreten. Falls noch nicht geschehen, schließen wir hier die Augen.

Was geschieht nun? Unser Körper hat gerade an seiner Basis einen Energiekreislauf in Form einer Lemniskate gezeichnet. Warum nicht einfach für einige Augenblicke die Lichtbewegung verfolgen, die von unserem Steißbein hin zu unserem rechten Knie verläuft? Der Kreislauf ist relativ leicht in unseren unteren Gliedmaßen zu spüren.

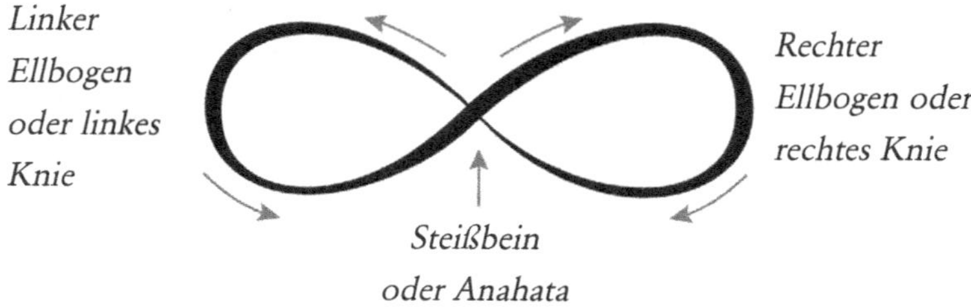

Dann richtet sich unser Bewusstsein sanft auf unsere Arme. Sie kreuzen sich nun etwas vor uns, bis unsere Hände denen unseres Gefährten oder unserer Gefährtin begegnen, dessen oder deren Arme sich ebenfalls auf der Höhe des Herz-Chakras *Anahata* gekreuzt haben.

Auf diese Weise erzeugen wir erneut eine Energie-Lemniskate, ohne es zu bemerken. Sie beginnt auf der Höhe des

Anahata, um wie schon im unteren Bereich unseres Körpers ihre Doppelschleife auszubilden. Wir verfolgen wieder ihre Lichtströmung und lassen dann unsere immer noch gekreuzten Arme auf unseren angewinkelten Beinen ruhen.

Schließlich lösen wir die Arme und lassen unsere Hände zusammenkommen, wie es ihnen angenehm ist, wobei wir darauf achten, dass wir ungehindert Stirn an Stirn legen können.

Ganz von selbst stellt sich eine lange, tiefe Stille ein, die allein durch den leichten Atem des "anderen" belebt wird ... den Zeugen des heiligen Begehrens.

"Dort" entfaltet sich die Magie der Liebe, und es ist wichtig zuzulassen, dass sie uns mit ihrem Mantel umhüllt.

Natürlich kann das der Moment für ein stilles Herzensgebet sein, für eine nicht besitzergreifende Liebeserklärung an den Gefährten oder die Gefährtin oder auch für die völlige Hingabe an den freien Atem des Lebendigen.

c) Yab-Yum

Der Begriff *Yab-Yum* stammt ursprünglich aus Tibet, aus dem Himalaya, so wie die meisten grundlegenden Lehren des *Tantra*. Wörtlich bedeutet er "Vater-Mutter". Er bezeichnet damit auch eine Körperhaltung, die die heilige Verbindung der männlichen und weiblichen Polarität des Göttlichen veranschaulicht.

In der shivaistischen Tradition Indiens spricht man von der Verschmelzung *Shivas* mit seiner Gefährtin *Shakti*. Die Darstellungen dieser Verbindung in Form von Bildern (*Thangkas*) oder Statuen sind zwar sehr suggestiv, aber keineswegs das, was der Westen als erotisch im trivialen Sinne des Wortes betrachtet. Sie erklären nur und vor allem, dass der fleischliche Körper und seine Attribute nicht schändlich sind und sie naturgemäß an der Offenbarung des Göttlichen in jedem Wesen teilhaben, da sie Bestandteile des Göttlichen selbst sind.

Indem es sich zu Fleisch macht, erkennt sich das Heilige selbst darin und sublimiert es, um Seinen Aufstieg hin zum Unerkennbaren fortzuführen.

Es ist leicht nachvollziehbar, dass die *Yab-Yum*-Haltung die logische Folge der eben beschriebenen Haltung ist. Sie besiegelt die körperliche Vereinigung in ihrer Ganzheit und verewigt sie in einem vollkommen mystischen Geisteszustand. Diese Haltung kann sich nur von selbst zum perfekten Zeitpunkt einstellen ... oder erst später eingenommen werden, je nach der Intensität des "entpersonalisierten" Begehrens, das in der Stille des Schlafgemachs gesucht wird.

Die folgende Illustration braucht nicht kommentiert zu werden. Anzumerken ist nur, dass sie das Wesentliche der Haltung zusammenfasst, es aber einige Varianten in der traditionellen Bildhauerei und Ikonografie gibt. Bei diesen Varianten geht es im Wesentlichen um die Positionierung der Arme, die von den Händen ausgeführten *Mudras* und die Größe, die dem weiblichen *Shakti*-Prinzip zugewiesen wird.

Diese Besonderheit in Bezug auf die physische Dimension *Shaktis* ist vor dem Hintergrund zu verstehen, dass die männliche Polarität den Himmel symbolisiert, der von Natur aus die Erde umgibt, die von der weiblichen Polarität beschrieben wird. Dass der Kopf *Shaktis* oft nach oben blickt, soll übrigens keineswegs ein Zeichen der Unterwerfung sein, sondern die Horizontalität der Erde und den Kelch darstellen, den sie auf diese Weise symbolisiert.

Yab-Yum

Im Übrigen greift auch die Spiritualität des *Tao* das Thema einer heiligen Sexualität auf und veranschaulicht die Vermählung von Himmel und Erde noch genauer.

Das klassische, vielsagende Bild des verwobenen Yin und Yang als Symbol der beiden unterschiedlichen Prinzipen, die aus der vereinten Lebensenergie *Qi* hervorgegangen sind, erinnert uns ständig daran. Es unterstreicht, dass die Verflechtung vermeintlicher Gegensätze völlig natürlich ist und den Weg des Atems widerspiegelt.

Ähnlich ist es auch mit dem folgenden chinesischen Zeichen aus der Tradition des *Tao* (oder *Dao*), weist es doch unweigerlich auf die *Yab-Yum*-Haltung im Profil hin, wobei das *Yum*-Prinzip ein Juwel symbolisiert.

An dieser Stelle lohnt es sich, auch einmal kurz auf die tibetanische buddhistische *Vajrayana*-Tradition einzugehen, in der (vor allem auf den "Gebetsfahnen") nicht selten ein Pferd zu sehen ist, das ein Juwel namens *Chintamani-Stein* trägt. *Chinta* bezeichnet das Denken und *Mani* das Juwel. Letzteres kann mit dem *Shambhalla-Stein* gleichgesetzt werden, der ebenfalls auf einem Pferd sitzt, das den Namen *Lung Ta* trägt, übersetzt "Windpferd" oder genauer "Atempferd". Manche Philologen werden das wahrscheinlich etwas gewagt finden, aber dennoch ...

Nun möchte ich mich einmal näher mit der körperlichen Vereinigung selbst beschäftigen, da sie hier genau entgegengesetzt zum "Normalfall" verläuft. Durch die Art und Weise, wie sie ausgeführt und erlebt wird, verlassen wir die Ufer der "gewöhnlichen" Jagd nach Vergnügen oder Genuss und wenden uns der mystischen Ekstase zu.

Ich möchte darauf hinweisen, dass diese Ekstase kein Zustand ist, der "im Kopf" programmiert oder gelebt wird, mit lebhaften, autosuggestiven Fantasien über das Göttliche, wie wir es uns vorstellen. Vielmehr ist sie ein Zustand, der das gesamte Wesen mit sich nimmt und trägt und in dem Körper und Seele nicht mehr existieren, sondern alles expandiert, bis zur völligen Invasion des Geistes im Selbst.

Das bedeutet: Ziel ist es nicht, den Körper durch sexuelle Anspannung, die zu einem üblichen oder vielleicht auch etwas intensiveren Orgasmus führt, in Verzückung zu versetzen. Vielmehr soll der Orgasmus - der von beiden Seiten gleichzeitig erlebt wird - auf einer unendlich subtileren Ebene stattfinden, indem das Phänomen der Ejakulation und alles, was damit in jeder Polarität verbunden ist, überwunden und abgeschafft wird.

In der tantrischen Vereinigung geht es also darum, die Produktion aller sexuellen Körperflüssigkeiten zu beherrschen und schließlich zu befreien, indem sie gezähmt und in Licht verwandelt werden.

Bei Frauen kann diese Beherrschung außerdem die Kontrolle der Menstruationsflüssigkeiten ermöglichen. Die darin befindliche Energie wird dann gewissermaßen "gesammelt", umgewandelt und durch das Netz der Haupt-Nadis, darunter *Ida* und *Pingala*, wieder im gesamten Organismus verteilt.

Wie können wir zu dieser Beherrschung der sexuellen Körperflüssigkeiten gelangen? Bei beiden Geschlechtern ist es einfach und herausfordernd zugleich. Wir erreichen dies ganz allmählich durch *das völlige Fehlen von Körperbewegungen*, die "normalerweise" den Geschlechtsverkehr begleiten.

In Wahrheit sind es *die Bewegungslosigkeit und Stille der eins gewordenen Körper*, durch die die immense, verborgene Energie der *Kundalini* angeregt wird, um "eines Tages" durch die Weitung des *Sushumna*-Kanals befreit zu werden ... bis zum ekstatischen Hervorsprudeln einer Lichtfontäne über dem Scheitel.

Die Weisheit des *Tao* lehrt diesbezüglich ein "Nichthandeln" *(Wu-Wei)*, das keine Passivität zum Ausdruck bringt, sondern eine Haltung des Nichteingreifens, die der intimen, geheimen Dynamik der Natur absolut treu bleibt.

Welche Tradition auch immer es ist, es handelt sich um einen unendlich machtvolleren Orgasmus als den des physischen Körpers, nicht nur in der Intensität, sondern auch in der Dauer. Die kurzen Momente, die der Körper üblicherweise dafür beansprucht, verwandeln sich in lange Minuten, die mit der Übung nach und nach immer noch länger werden. Es ist dieser Zustand der sublimierten Liebe, den wahre Mystiker anstreben und in den die am meisten Verwirklichten eintauchen, während ihr höheres Bewusstsein von den Mysterien, dem Wissen und der Weisheit des Lebendigen liebkost wird.

Dieser Zustand ist natürlich ein spirituelles Ideal, das die überwältigende Mehrheit von uns - seien wir nüchtern und bescheiden - gar nicht erreichen kann. Ihn und ein paar praktische, vorbereitende Informationen erwähne ich in diesem Buch, um einen der wichtigsten Zugangswege dorthin freizuräumen und dazu einzuladen, die unvermeidliche Vermählung von Körper und Geist in uns selbst zu "erarbeiten". Es ist ein Erbe, das jeder von uns jenseits der Illusion der Zeit beanspruchen kann.

Ich habe schon einmal geschrieben: *Unser aller Ziel ist die Sonne.*

So können die Körper zweier Wesen, die sich wahrhaft lieben, in ihrer bewegungslosen, still genossenen, langen Vereinigung beginnen, das Gefühl des Einsseins mit Allem zu empfinden und geduldig in sich zu kultivieren.

Stirn an Stirn, Herz an Herz, die Energiekreisläufe anregend, manchmal sanft die Atmung abwandelnd, sind alle Paare, die die Notwendigkeit dazu verspüren, dazu eingeladen, einen sonnigen Horizont in dieser aktiven Bewegungslosigkeit zu finden, so wie es ihrer eigenen Fähigkeit zum Wachstum entspricht.

Und bei einem so zärtlichen, intimen Unterfangen ist eine bessere Kenntnis der fünf Sinne wie ein Ariadnefaden, der niemals losgelassen werden sollte ...

2. Teil

SINNLICHKEIT

Kapitel IV

IM REICH DES GERUCHSSINNS

Auf der Suche nach dem Göttlichen oder bescheidener formuliert danach, Ihm über unsere mentalen Turbulenzen hinaus näherzukommen, praktizieren wir meist verschiedene Formen der Meditation, die eine gewisse Askese erfordern und die sogenannte "Disziplinierung der Sinne" anstreben. Es ist eine Art Automatismus, der sich auf eine Logik stützt, die niemand oder fast niemand bestreiten würde. Tatsächlich haben unsere fünf Sinne ja die Funktion, uns in Kontakt mit "dem Außen" zu bringen, also mit allem, was unsere Welt ausmacht.

Da ist es nur folgerichtig, dass sie uns ablenken und grundsätzlich von der Innerlichkeit abbringen, nach der unser innerster Wesenskern strebt. Der Philosoph Blaise Pascal hätte seinerzeit gesagt, dass unsere Sinne zu unserer "Zerstreuung" beitragen.

Die Disziplinierung der Sinne, um die es also geht, ist allen ein Begriff, die meditatives Yoga praktizieren. Sie wird *Pratyahara* genannt und ist ein anspruchsvoller Weg, der all unseren Respekt verdient.

Was mich selbst und den spirituellen Weg betrifft, der in diesem Buch beschrieben wird, stellt sich mir allerdings die Frage: "Und was, wenn unsere Sinne es uns *auch* ermöglichen könnten, unsere Essenz zu finden?"

Was, wenn es eine "Art und Weise, sie zu erleben" gäbe, die uns genauso in unsere Innerlichkeit führen könnte? Eine Art und Weise, uns an unser Selbst zu wenden, wodurch das, was wir grundsätzlich für die Ursache unzähliger Ablenkungen halten, zur Quelle einer unendlichen, erhabenen Kontemplation würde?

"Wofür soll ich mich entscheiden?", wird man mich fragen. Aber gibt es denn nur eine Entscheidungsmöglichkeit? Ich denke nicht, denn Entscheidungen finden oft im Kopf statt, der die ärgerliche Angewohnheit hat, nicht anzuhören, was der "Rest" des Wesens in seiner Wahrheit empfindet.

Wenn wir wirklich verstanden haben, dass das göttliche Prinzip zugleich innerhalb und außerhalb dessen wohnt, das manifestiert oder nicht manifestiert wird, wird klar, dass kein Weg einem anderen gegenüberzustellen ist. Sind die beiden Hände des Körpers dazu bestimmt, sich entgegenzutreten? Jeder weiß, dass es Rechtshänder und Linkshänder gibt und das Ideal womöglich von Beidhändern verkörpert wird ...

Mir scheint, dass Weisheit darin besteht, nichts in uns entgegenzuarbeiten und anzuerkennen, was zu uns passt. Deshalb lade ich Sie ein, etwas zu erkunden, was nur ziemlich selten erkundet wird: *Die mögliche heiligende Funktion jedes unserer Sinne als Schlüssel, um die Pforte zu unserer Innerlichkeit zu öffnen.*

Im Westen, etwa in Griechenland, hat man es einst gewusst, aber dann leider vergessen ... Damals wurde der Naos eines Tempels, sein Allerheiligstes, nur geöffnet, wenn Unmengen an Opfergaben dort abgelegt worden waren, die alle Sinne ansprachen und so die Herrlichkeit der Gottheit oder einer Ihrer Manifestationen priesen.

Lassen Sie uns das einmal vertiefen: Wenn wir uns einig sind, dass unser Körper tatsächlich ein Tempel ist, wo befindet sich dann sein Naos? Im Herzen? In der Tat, und zwar genauer gesagt in dessen Keimatom, dieser *Akasha*-Verdichtung, die ganz allein die Summe aller unserer Erinnerungen und - vor allem - das absolute Gedächtnis der Quelle enthält und bewahrt.

So kann uns also die Opfergabe der Früchte unserer sublimierten, transzendierten Sinne an unser Naos vielleicht einen Zugangsweg zu unserer eigenen vergrabenen und vergessenen Gottheit weisen. Denn sie spricht zu uns von *Advaita*, vom Einssein mit Allem.

Wäre auch nur einen Augenblick lang denkbar, dass das Göttliche uns mit einer ganzen Werkzeugpalette ausgestattet hat, nur um uns in unzähligen Zerstreuungen gefangen zu halten? Es wäre widersinnig! Wäre dann im Gegenteil vorstellbar, dass diese Werkzeugpalette dazu da ist, uns zu modellieren, zu formen? Definitiv ja! Und es ist nur logisch ...

Die Triebkraft des heiligen Begehrens, genährt und gemeistert von einer erhabenen Sinnlichkeit, die ich als aufsteigend bezeichnen würde, ruft die Seele unvermeidlich auf, sich ins Zeug zu legen. Warum haben wir dann Schwierigkeiten damit, einzusehen, dass der Unerkennbare zugleich Maler, Bildhauer, Musiker, Parfümeur, Schöpfer von Aromen und Meister in der Kunst der Berührung ist?

Ja, warum eigentlich? Weil uns die Vorstellung eingebläut wurde, wir müssten zwingend der Welt entsagen und uns dem Filter einer gewissen Buße unterziehen, um uns von unserer Unterwerfung unter die Materie zu befreien. Weil wir kurz gesagt davon ausgehen, dass Enthaltsamkeit begleitet von einer Form von Kasteiung *der* Königsweg sind.

Aber es gibt keinen Königsweg, wenn nicht einen von Freude gesäumten, vom süßen Appetit auf ein Leben, das anders betrachtet und gelebt wird, weil es im Ideal der Nichtdualität hin zur Liebe geführt wird.

Der allererste Weg hin zum erhabenen Vertrautwerden mit der Sinnlichkeit, auf den ich Sie einlade, führt uns ganz natürlich zur Basis unseres Körpers, zum Reich des Geruchssinns, unseres Fundaments in der Inkarnation, ins Umfeld eines Chakras, das den Namen *Muladhara* trägt ...

Es lässt sich leicht nachvollziehen: Der Geruchssinn ist der animalischste Sinn von allen, das heißt der spontanste und derjenige, der am meisten im direkten "Kontakt" mit dem großen Körper der Natur ist. Wohl aus diesem Grund weckt er oft nur wenig Interesse und Respekt, sobald wir den Weg des spirituellen Wachstums eingeschlagen haben. Und doch ...

Es gibt im Französischen einen oft leichthin oder scherzhaft dahingesagten Ausspruch, der es verdient hätte, einmal darüber nachzudenken, wie er wohl entstanden sein könnte: *Er riecht nach Frömmigkeit ...*

Wer dem gerne eine allgemein akzeptable Erklärung geben möchte, wird sagen, dass die meisten Asketen oder Eremiten, die allein in einem Refugium fernab von der Welt leben, darüber einfach vergessen, sich zu waschen, sodass auf lange Sicht "ein gewisser Geruch" von ihnen ausgeht. Aber auch wenn sich das mitunter durchaus als wahr erweisen kann: Wenn wir alles darauf reduzieren, wissen wir nur sehr wenig über die möglichen "Nebeneffekte" des Gebetes, der Meditation oder, wie wir hier sehen werden, der Kontemplation. Ich selbst konnte es schon feststellen, als ich Weise besuchte, die offenkundig zu einem höheren Bewusstsein gelangt waren.

Tatsächlich kommt es nämlich vor, dass von verwirklichten oder auf dem Weg dorthin befindlichen Männern und Frauen ein Duft nach Rosen oder Jasmin ausgeht, so sehr ist das Schwingungsfeld ihrer Aura von der tief verwurzelten Gegenwart der Quelle in ihnen durchdrungen.

Ram Surat Kumar im Süden Indiens war einer von ihnen. Er, der sich nur sehr wenig äußerte und nichts verlangte, zog auf diese Weise seine Besucher in seinen Bann und weckte ihre Aufmerksamkeit auf der Ebene der grundlegendsten Funktion des menschlichen Organismus. War das von ihm beabsichtigt? Gewiss nicht. Der Duft, ja die Essenz der Rose, die sein Körper immer wieder verströmte, war ein spontanes Geschenk, das die Einheit von Geist und Materie bezeugte ... manche würden auch sagen "von Krone und Königreich". Wir würden also vergeblich nach einer Art Rezept suchen, das in diesen Gnadenzustand führen könnte, der im Übrigen kein Ziel an sich ist, sondern eine einfache Folge.

Ich erwähne diese Begebenheit, um Ihr Interesse dafür zu wecken, dass jeder Geruch oder Duft seine Rolle in der Entfaltung gesunder Sinnlichkeit spielen kann und *sollte*, in allem, was das Leben in jedem oder fast jedem Augenblick bietet.

Ein Duft oder einfacher Geruch ist zunächst einmal der Ausdruck, der Offenbarer eines Bewusstseinszustands, so unentwickelt er mitunter sein mag. Nebenbei bemerkt sondert jede menschliche Aura ständig einen mehr oder weniger angenehmen Geruch ab, den Tiere meist genau zu lesen wissen ...

Aber ein Duft ist auch ein Angebot, sich in den Reichtum dieses Zustands zu begeben und einen oft unerwarteten Dialog mit dem Heiligen zu beginnen.

Was erzählen ein paar frisch geschnittene Grashalme, der Schaft eines Farns, der sich zu entrollen beginnt, eine Blüte auf ihrem Stiel oder ein Teppich aus welkem Laub?

Was sagt der Geruch von Schnee oder Regen, und welche Informationen übermittelt der Atem des Windes durch sie? Auch das weiß jedes Tier ganz genau ...

Spüren wir dem überaus zarten, kreidigen Duft der Federn eines vertrauten Vogels nach, dem, was die warme, fahle Wolle eines Schafes verströmt, oder den Aromen des Ozeans in einer Muschel oder Alge, die wir gerade am Strand gefunden haben?

Manchmal ja, gewiss, wenn unsere Seele offen ist ... aber vielleicht nicht so, wie es sein könnte, indem wir in uns der Macht begegnen, die sie in die Welt gebracht hat und deren ständige Übersetzer sie sind.

Denken wir auch daran, den rätselhaften Geruch einzuatmen, der sich von einem Felsbrocken löst, der gerade neben einem Bergpfad abgebröckelt ist? Denn er existiert sehr wohl, dieser mal feuchte, mal trockene oder undefinierbare Geruch, der uns einlädt, in uns selbst bis zu den Anfängen der Welt zurückzugehen ... Auch wenn er stumm ist, wartet er nur auf seine Entzifferung durch unser Herz, um sich von unendlich vielen Erinnerungsschichten zu lösen, die uns unaufhaltsam zum Gedächtnis des Lebendigen zurückführen. Diese Erfahrung müssen wir selbst machen und dann *lernen, unsere Zeit in Ihm anzuhalten*, weil dieses Gedächtnis kein Schulbuch lehren kann ... Wie auch nicht die Erfahrung, den Duft des Haars oder der Haut eines geliebten Menschen zu atmen, der so viele Gefühle ausplaudert ... fernab von Shampoos und Kosmetik!

Natürlich können wir daran "denken", all das wahrzunehmen und dabei zu verweilen, aber wir müssen wissen, wie es geht und was uns wirklich beseelt. Und wir müssen *Dies* kennen, zu dem uns *Das* hinziehen will. Das Geheimnis, das es zu entdecken gilt, wohnt genau dort, im Herzen der Absicht des göttlichen Geruchssinns.

Ohne Zweifel zeugt der Geruchssinn von einer Intelligenz, die versucht, eine der Schichten unserer eigenen Intelligenz zur Entfaltung zu bringen. Wir alle haben vergessen, dass wir als Neugeborene nur drei oder vier Tage gebraucht haben, um uns den Geruch unserer Mutter einzuprägen. Aber nicht unser noch in voller Entwicklung befindliches Gehirn war dafür zuallererst verantwortlich, sondern bestimmte "Sensoren" im ätherischen Gegenstück unseres Herzens.

Entsprechend frage ich: Warum sollten wir die Quintessenz des zugleich mütterlichen und väterlichen Duftes unserer Quelle außer Acht lassen? Ihre nährende Präsenz hat eine erweckende Funktion. Ich schlage Ihnen vor, sie kennenzulernen, denn unser Geruchssinn kann eine Brücke zwischen dem schlagen, was außerhalb von uns liegt, und dem Leben in uns.

Erkenne dich selbst, und du wirst das Universum und die Götter erkennen steht auf dem Stein am Eingang des Apollontempels von Delphi ...[15]

[15] *Die Kurzfassung dieses Spruchs ("Erkenne dich selbst") wird manchmal Sokrates zugeschrieben.*

1

Der Grad unserer Verwurzelung

Wie ausgeprägt ist er eigentlich? Es ist sicherlich nicht unnütz, sich diese Frage zu stellen, auch wenn sie auf den ersten Blick "unkonventionell" erscheinen mag, wenn wir uns auf eine spirituelle Suche begeben, denn Christus soll ja gesagt haben: "Mein Reich ist nicht von dieser Welt."[16]

Tatsächlich zeigt der Zustand unseres Basis-Chakras *Muladhara*, dessen Blütenblätter mehr oder weniger entfaltet sind, als Erster, wie und wie tief wir auf und in die Erde "gepflanzt" sind.

Daraus folgt, dass Gerüche und Düfte die erste Nahrung unserer Wurzeln sind, die ein Werkzeug sind, mit dem wir uns rechtmäßig dort aufhalten können, wo wir sein müssen, um harmonisch zu leben und zu wachsen.

Jeder braucht eine Wohnstatt, und sei es eine Grotte oder Höhle, um dort für sich zu sein. Die wahre Natur und

---

[18] *Diese Aussage wurde eindeutig gekürzt und in ihrer ursprünglichen Bedeutung verdreht, denn aus der Akasha-Chronik geht vielmehr diese Aussage hervor, die sich auf das Fundament des inkarnierten Lebens bezieht: "Mein Reich ist nicht von dieser Welt, aber stützt sich auf sie."*

Sprache unseres Geruchssinns zu entdecken, kann sich also als wertvoll darin erweisen, uns selbst besser kennenzulernen.

Die Alten Ägypter, die die Sinne als Lehrmeister betrachteten, hatten eine Methode entwickelt, die aufzeigte, wie wichtig der Geruchssinn für die Entfaltung einer Weisheit war, die das Aufblühen des Bewusstseins förderte.

Ihre Methode gründete auf der Entschlüsselung der Geheimsprache von *Gold, Myrrhe* und *Weihrauch*, den drei Gaben, die traditionell dem künftigen Jesus, gerade erst in seinem "Stall" geboren, von den Heiligen Drei Königen Kaspar, Melchior und Balthasar überreicht wurden.[17] An dieser Entschlüsselung lade ich Sie nun ein teilzuhaben, damit das, *"was unten ist"* sich dem, *"was oben ist"*, anvertraut und eins mit ihm wird.

[17] *Diese Tradition basiert auf dem Evangelium nach Matthäus.*

2

Die Sprache des Goldes

Auch wenn man in unserer Epoche immer wieder gerne halb amüsiert sagt: "Geld riecht nicht", hatten die Eingeweihten im Alten Ägypten Pharao Echnatons eine etwas andere Auffassung, was den Geruch von Metallen und erst recht von Gold betraf, dem sie einen reellen Duft zusprachen, der fähig war, innerlich zu uns zu sprechen ...

Wer sich die Mühe - oder das Vergnügen - machen möchte, für den ist die Erfahrung einfach zu bewerkstelligen. Allerdings muss sie oft wiederholt werden, in einem Raum oder an einem Ort, den wir als "Zuhause" empfinden, der uns Sicherheit gibt und in dem wir uns souverän fühlen, auch wenn wir natürlich nicht die Einzigen sind, die ihn betreten ...

a) Wir nehmen vorzugsweise die Froschhaltung ein. In unseren zu einer Schale zusammengeführten Handflächen halten wir einen kleinen Gegenstand aus Gold; das kann ein Ring sein, ein Anhänger, eine Kette oder etwas anderes, das uns gehört.

b) Nachdem wir geistige Leere in uns geschaffen haben, neigen wir den Oberkörper nach vorn, bis unser Gesicht unsere offenen Hände und ihren Inhalt berührt. Dann lassen wir vollkommen los und lassen in uns die Emanation des Goldes aufsteigen. Sie werden wahrscheinlich überrascht sein, dass Sie relativ einfach wahrnehmen können, vielleicht nicht hauptsächlich mit Ihren Nasenflügeln, aber mit "etwas", das sich im Vorfeld der Sensoren Ihrer Nasengänge befindet. Es ist dieses "Etwas", das mit ein wenig Übung dafür zuständig sein wird, Ihnen von Ihnen selbst zu erzählen ...

c) Die Seele des Goldes oder genauer sein globales mineralisches Bewusstsein wird Ihnen vorschlagen, sich anzusehen, auf welche Weise Sie dazu neigen, Ihre egoistische Persönlichkeit geltend zu machen. Jedes "Ich will" und "Das gehört mir" wird eines nach dem anderen und vorausgesetzt, dass ihnen nicht der Weg versperrt wird, in Ihnen an die Oberfläche kommen wollen. Zuerst sicherlich mit Anwandlungen von Stolz, Hochmut, Eitelkeit, Kontrolle oder Triebbefriedigung, bis Sie ganz allmählich an Höhe gewinnen und es schließlich zu einer Loslösung kommt.

d) Erkennen Sie, dass diese oft von einem inneren Lächeln begleitete Loslösung ein Zeichen dafür ist, dass ein Lichtfaden von der Basis Ihres Wesens zu seinem Scheitelpunkt und zurück ausgesendet wurde. Dies zeugt davon, dass eine tatsächliche Anrufung und ihre Beantwortung stattgefunden hat, übermittelt vom göttlichen Botschafter Merkur auf der Reise von Ihrem Königreich zu Ihrer Krone.

Bekanntlich ist Gold ein unveränderliches Metall. Aber seltsamerweise akzeptiert es, sich in Quecksilber aufzulösen, mit dem es dann ein Amalgam bildet. Ist das nicht Stoff zum Nachdenken?[18]

[18] *Siehe Fußnote zu Quecksilber und Merkur im 1. Kapitel, S. 25*

3

Was die Myrrhe sagt

Traditionell (und unabhängig von Ägypten) ist Myrrhe die Gabe, die dem künftigen Christus durch Baltasar überreicht wird, einem der Drei Heiligen Könige mit schwarzer Haut, einem Afrikaner also, der den Ursprung unserer Menschheit symbolisiert. Das ist an sich nicht überraschend, da Myrrhe sehr lange genauso beliebt war wie Gold, ja sogar beliebter, weil sie rar war und zahlreiche medizinische Eigenschaften hatte.

Für die Alten Ägypter symbolisierte dieses Gummiharz, das durch das Einritzen des dornigen Stammes eines kleinen Baums der Halbwüstengebiete gewonnen wurde, in erster Linie Leid und Tod. In diesem Sinne erinnerte es den Menschen, wer er auch war, an seine Vergänglichkeit in dieser Welt, seine sterbliche Seite also, schenkte ihm aber gleichzeitig auch seine beruhigenden Eigenschaften. Tatsächlich ist es in vielen Ländern des Mittelmeerraums bis nach Asien hinein immer üblich gewesen, Myrrhe (mitunter mit etwas Wein vermischt) bei großen Schmerzen zu verabreichen.[19]

---

[19] *Im Evangelium nach Matthäus heißt es im Übrigen, dass Christus vor Seiner Kreuzigung davon angeboten wurde, Er es aber ablehnte. Ein "Detail",*

Aus welchem Grund? Weil Myrrhe auf der Ebene ihrer ätherischen Verfassung die toxischen Elemente anzieht, die zugleich den physischen und den mentalen Körper schwächen oder erschöpfen.

Doch trotz ihrer bitteren Seite, die an die Bitterkeit des Lebens selbst erinnern kann, ist Myrrhe in bestimmten Fällen auch für aphrodisierende Eigenschaften bekannt[20] und soll die Leidenschaft des Körpers und der Gefühle verstärken, welche die zwischenmenschlichen Beziehungen beeinträchtigen oder im Gegenteil verschönern.

Bei unserer Methode, die wie gesagt teilweise von den Zeitgenossen Echnatons übernommen wurde, werden wir uns genau mit dieser lunaren und solaren Doppelfunktion beschäftigen.

Der Wechsel zwischen Begehren/Genuss und Leiden/Tod kann durchaus eine beachtliche Triebfeder zur Innenschau und Kontemplation sein. Wenn wir uns damit konfrontieren, erhalten wir die Gelegenheit, uns übersteigerte Ausdrucksformen unseres Lebensweges und unserer Verhaltensweisen anzusehen, die völlig hemmungslos waren. Dann begegnen wir dem "pathetischen" Gesicht dessen, was unser Erleben war und ist.[21]

---

das die Akasha-Chronik nicht bestätigt und wahrscheinlich von gewissen Kirchenvätern in ihrer Besessenheit vom erlösenden Charakter des Leidens hinzugefügt wurde. Es "musste sein", dass Christus voll und ganz den absoluten Schmerz "hatte leben wollen".

[20] *Diese Besonderheit wird insbesondere im berühmten "Hohelied" des Alten Testaments erwähnt.*

[21] *Es kann nützlich sein zu wissen, dass das Wort "Passion" vom lateinischen patio abstammt, das wiederum aus dem griechischen pathos hervorgegangen ist.*

a) Setzen wir uns wieder vorzugsweise in der Froschhaltung hin, nachdem wir in unsere zusammengeführten, zur Schale geformten Hände etwas Myrrhe-Essenz gegeben haben. Wir fahren genauso fort, wie wir es mit dem Gold getan haben. Den Kopf frei von jeder Ablenkung neigen wir uns langsam zu unseren Händen und ihrem kostbaren Inhalt hinab, der rasch eine berauschende Wirkung entfaltet.

b) Nach einigen Augenblicken richten wir den Oberkörper wieder auf, um die Macht der Myrrhe in uns wirken zu lassen. Falls wir loslassen, werden wir überrascht sein, wie leicht sie in uns (zumindest bruchstückhafte) Erinnerungen an Auseinandersetzungen mit Aspekten unseres Selbst hochkommen lässt, die uns zu Übertreibungen veranlasst haben, etwa unkontrollierte Eifersucht oder verstärkte oder unterdrückte sinnliche Triebe. Es kann sich auch um maßlose, manchmal verzweifelte Anliegen handeln, als ob wir uns selbst mit Leid konfrontieren wollten. All das lassen wir zu und akzeptieren das Gefolge an Gefühlen, die unweigerlich dabei aufkommen werden.

c) Schließlich erzeugen wir ganz ohne Eile innerlich einen Energiekreislauf ähnlich einem kleinen, sich bewegenden Lichtkreis, der unser erstes und zweites Chakra umfasst. Nach ein oder zwei Minuten öffnen wir seine Schleife, damit sich eines ihrer Enden in die Region unseres dritten Chakras *Manipura* bewegt, dem Sitz der Gefühle. Sollten dabei ein paar Tränen fließen, ist das völlig normal. Lassen wir sie ihre Sprache sprechen ...

4

Die Höhenflüge des Weihrauchs

Was dem Göttlichen die Tür öffnet ... Mit diesen Worten bezeichneten die Alten Ägypter und die Ärzte des Nildeltas - wieder einmal sie - den Weihrauch, dessen flüchtige Manifestation zu Recht offenbart, "was erhebend ist".

Aber wie kann ein Bestandteil des Königreichs den Zugang zur heiligenden Präsenz, zum *Darshan* der Krone, ermöglichen? Indem es ausdrücklich dazu einlädt, demütig die Anerkennung und Verehrung von etwas zu erlernen und innerlich aufsteigen zu lassen, das mit einem Körper, der aus dem Universum der Phänomene stammt, das Wesen zum Universum der Ursachen hinzieht.

Es gehört den Stoffen an, deren Funktion es ist, allein vom unendlich Feinstofflichen zu erzählen. Weihrauch ist einer davon ...

Ursprünglich bestand Weihrauch hauptsächlich aus Olibanum, einem Gummiharz wie Myrrhe. Je nach Region und Klima fügte man ihm verschiedene Kräuter und andere Harze hinzu. So ist es auch noch heute, wenn man von den chemischen Duftstoffen absieht, die unseriöse Hersteller beimischen, wodurch sie ihm seine Heiligkeit nehmen. Um unsere Innenschau und innere Reinigung fortzusetzen, vergewissern wir uns also, dass wir einen qualitativ hochwertigen Weihrauch verwenden, ob in Form von Räucherstäbchen oder Harzstücken, die auf glühende Holzkohlen gelegt werden.

a) Diese neue Reise, die wie die anderen darauf abzielt, *Ida* und *Pingala* harmonisch zu reinigen und zu weiten, erfordert dieselbe Körperhaltung wie schon zuvor. Vorzugsweise nehmen wir also die Froschhaltung ein.

b) Mit sehr kurzem Abstand zu unseren Knien haben wir zuvor ein oder zwei Räucherstäbchen mit Weihrauch angezündet oder begonnen, Harze zu verbrennen, um schöne, großzügige Rauchspiralen zu erzeugen, die bläulich-weiß vor uns aufsteigen.

c) Mit friedvollem Geist und geschlossenen Augen führen wir beide Hände vor unserem Herzen zusammen, wie um ganz klassisch ein Gebet zu beginnen. Denn tatsächlich wird es hier um ein Gebet mit einer Anrufung und Darbringung gehen, das sich aber vom herkömmlichen Ablauf ziemlich unterscheidet.

d) Nach einer kurzen Innenschau senken wir gleichzeitig beide Hände, um sie erneut zusammenzuführen, aber in Form einer umgedrehten Schale, leicht über dem glühenden Weihrauch mit seinem langsamen Wirbel. Die

Absicht ist, dass sie seinen warmen Duft aufnehmen und davon überzogen werden wie von einer heiligen Salbung.

e) Nehmen wir uns mit immer noch geschlossenen Augenlidern Zeit dafür, bis wir schließlich den Wunsch verspüren, die Hände zum Gesicht zu führen, um es vollständig zu bedecken und unseren Geruchssinn mit ihrer aufsteigenden Essenz zu prägen. Ab jetzt kann sich die Reise erweitern und hat die tiefe Natur dessen, "was dem Göttlichen die Tür öffnet", jede Freiheit, uns über das hinauszuführen, was wir über uns selbst wissen.

Vor allen Dingen ist aber wichtig, nichts zu "projizieren", sondern zuzulassen, dass die Spirale des Geistes sich grenzenlos in einem wunderschönen Wirbel in uns entfaltet. Es können Visionen, auch ganz kurze, entstehen, die ganz vom Einzelnen abhängen ...

Lassen wir sie in der Schönheit ihrer Flüchtigkeit sein. Es gibt nichts zu wollen oder verstehen zu müssen, sondern einen Zustand des Selbst, den es zu betrachten gilt ... bis ein Geschmack heranzieht ...

Kapitel V

DIE SINNLICHKEIT DES GESCHMACKS

"*Ich bin der wahre Weinstock, und mein Vater ist der Winzer ...*" Wie sollten wir unsere Überlegungen anders fortsetzen als mit diesem kurzen Auszug aus dem Evangelium nach Johannes?[22] Zwar übermittelt dieser Text in seiner kanonischen Version im weiteren Verlauf dann leider einige der dogmatischsten Seiten der Kirche, aber für diesen Satz gilt das nicht. Er spricht von einer wahren "experimentellen Betrachtung" der Funktion und des initiatorischen Symbolismus des Weins. Es ist eine Funktion, die ich mit der des Brotes vergleichen werde.

Wein und Brot ... Seit der frühen Antike begleiten diese beiden Lebensmittel, eines flüssig und eines fest, die Menschheit ständig auf ihren Wanderungen zwischen Leben und

---

[22] *Johannes 15, 1. Für das Wort "Weinstock" haben wir hier [im französischen Original, Anm. d. Übers.] das Wort "cep" anstelle von "vigne" verwendet, das in manchen Übersetzungen vorkommt, denn "cep" ist aus dem lateinischen cippus hervorgegangen, das "Pfahl" bedeutet, was uns wie von selbst zum Baum der Erkenntnis zurückführt, der zu Beginn dieses Buches erwähnt wurde.*

Tod, Überfluss und Mangel. Ich lade Sie daher ein, mir weiter auf dieser einzigartigen Reise zu folgen, auf der ich Ihnen nun über die transzendentalen Eigenschaften des Geschmacks berichten möchte. Vor allem möchte ich gerne näher auf die rituellen Praktiken in Griechenland eingehen.

Wer interessiert sich heute noch dafür, warum der Wein in den alten Traditionen mit den so genannten *Großen Mysterien des Geistes* assoziiert wurde und das Brot mit den *Kleinen Mysterien*, die wiederum mit der Materie verbunden waren? Beide wurden in Eleusis unweit von Athen zelebriert.[23]

Eine Reise von Dionysos zu Demeter und wieder zurück in einem initiatorischen Zusammenhang kann sich allerdings als überraschend ergiebig herausstellen. Auch da haben unsere Sinne in ihrer heiligen Rolle viel zu sagen, wenn wir wissen, wie wir sie zum Sprechen bringen und ihnen zuhören können. Denn auf das Wasser des Lebens antwortet das Brot des Lebens, des Teilens, eine Form der universellen Eucharistie, die über die Grenzen des Christentums hinausgeht.

---

[23] *Die Begriffe "klein" und "groß" sind hier zu relativieren. Sie bedeuten weder Überlegenheit noch Unterlegenheit, sondern gegenseitige Ergänzung in ihren Manifestationen, denn keines kann ohne das andere sein, so wie der Sitz eines Stuhls nicht ohne die Stuhlbeine vorstellbar ist.*

1

Der Wein – Initiation nach Noah

Wenn man sich ein wenig mit der tiefen Mystik beschäftigt, die zahlreiche Kulturen auf der Welt unbemerkt miteinander verbindet, fällt es schwer, auf den Wein zu sprechen zu kommen, ohne ihm eine Rolle als "Fährmann" oder "Mittler" zwischen zwei Zuständen zuzuerkennen. Genauer würde ich ihn auch als "Brücke" bezeichnen, die von einer Bewusstseinsebene zu einer anderen führt.

Wahrscheinlich ist das der Grund, warum einige Initiationsschulen ihn mit Noah in Verbindung bringen, dem biblischen Stammvater, der die Sintflut überlebte und den Auftrag hatte, die Erde in jeder Hinsicht "neu zu besäen", auch was die Beziehung zwischen der Menschheit und dem Göttlichen betraf. In diesem Sinne machen diese Schulen aus ihm den Offenbarer des Wissens zur kontrollierten Vergärung der Traube ... Daher die Erfindung des Weins, sozusagen auf göttliche Anregung.

Natürlich wäre es müßig, irgendeine historische Wahrheit in all dem zu suchen. Nur die Akasha-Chronik könnte uns darüber eines Tages einmal aufklären. Dennoch war es wahrscheinlich so, dass unsere Spezies einst in fernen Zeiten einen wahren "Übergangsritus" erlebt haben muss, als sie mit dem flüssigen Element konfrontiert wurde. Denn in verschiedenen Kulturen gibt es etwa 600 Versionen einer totalen Sintflut oder einer massiven Überschwemmung eines Teils der bewohnten Gebiete, die dazu führte, dass die Beziehung zum Leben "überholt" oder "zurückgesetzt" werden musste.

Aber gehen wir noch etwas weiter in diese Richtung. Etymologisch verweist uns der arabische Name Noah zurück auf den Begriff des *Trostes* oder der *Danksagung*. Er deutet auf Dankbarkeit gegenüber der göttlichen Quelle nach der Weinlese und der Gärung der Trauben hin, die das bekannte Getränk zur Folge hat ...

Aber eigentlich ist es unwichtig, ob der erste Wein unserer bekannten Geschichte vor 5000 oder 6000 Jahren in Mesopotamien, im Kaukasus oder auf den Hängen des Berges Ararat entstand[24]. Es genügt zu wissen, dass er vielleicht nicht umsonst der respektable Stolz der Priester im Alten Ägypten, der Hebräer, Griechen, Römer und der zahlreichen Völker Galliens war, bevor er in einen wesentlich "öffentlicheren" und damit weltlicheren Bereich gelangte.

Durchaus wichtig ist aber, noch einmal auf die oben erwähnten Begriffe Trost und Danksagung zurückzukommen, die den Mystikern nicht entgingen und die wir versuchen müssen hinter dem Aroma des Weines zu erkennen. Wir werden es müssen, weil nicht nur das (wenn auch erlesene)

[24] *Die biblischen Texte sagen, dass Noah seine Arche genau am Gipfel des Berges Ararat anlegen ließ, an der Grenze zwischen Armenien und der heutigen Türkei.*

geschmackliche Vergnügen tiefes Interesse auf der Suche nach allen Ausdrucksformen des Lebendigen wecken kann.

Dass dem Prinzip, von dem der Alkohol oder eher das "Feuerwasser" beseelt ist, schon immer ein heiliger Charakter zugesprochen wurde, liegt daran, dass es in bestimmten Anteilen einen so genannten erweiterten Bewusstseinszustand ermöglicht, also Wahrnehmungen begünstigt, die dem einfachen Verstand verschlossen bleiben.

In Maßen genossen, ohne also davon betrunken zu werden, haben Eingeweihte aller Völker festgestellt, dass Wein (der ein Gleichgewicht zwischen Wasser und Feuer zum Ausdruck bringt) es erlauben oder erleichtern kann, sich über alle Masken hinweg bestimmten Mechanismen des feinstofflichen Lebens in jedem Ding zu nähern. Faktisch begegnen sich dabei die Prinzipien von Mond und Sonne (*Ida* und *Pingala*), verflechten sich wie auf einer Körperachse und ermöglichen eine Form der Bewusstseinserweiterung.

Mit der Heraufbeschwörung des Weinstocks als Baumstamm bezeichnet der Johannes zugeschriebene Text nichts anderes als den offiziell verbotenen Baum der "schlangengleichen" Erkenntnis, dem man sich nicht leichtfertig zu nähern hat.

Die Quintessenz seiner Frucht intelligent zu genießen, kann also zu einem echten Übergangsritus werden, der von einem Zustand zu einem anderen führt, vom Profanen zum Heiligen. Das Wort "intelligent" ist hier natürlich von größter Bedeutung.

Denn jeder weiß: Das durch den Dionysos der Griechen verkörperte Prinzip war einerseits dafür bekannt, Zugang zu den Mysterien zu verschaffen, enthielt aber andererseits auch den Schlüssel zu allen möglichen Ausschweifungen. Es war also sowohl ein Werkzeug, um an Höhe zu gewinnen als auch, um ins Verderben zu stürzen. Extreme haben die Besonderheit, oft in Beziehung zueinander zu stehen und einander zu unterweisen.[25]

Natürlich werden wir versuchen, unseren Weg hinauf in diese Höhen noch etwas weiter zu skizzieren oder zu erweitern ...

Wussten Sie, dass wir vom Licht kosten können, wenn wir es in aller Reinheit bitten aus seiner Quelle zu treten? Die Übung, die ich Ihnen nun vorschlagen möchte und die vor allem Ihr zweites und viertes Chakra anregen wird, wird Sie diese Wahrheit erleben lassen.

Idealerweise sollte die Übung zu zweit durchgeführt werden, da der Wein genau wie das Brot beim Teilen noch mehr seine Funktion erfüllt und gegenseitige Ergänzung und Ermutigung fördert. Der Wein wird dann auch die Idee einer Energieübertragung transportieren, als wäre er eine Arche. Es hindert Sie aber natürlich nichts daran, die positiven Auswirkungen auch allein zu erleben.

a) Vorzugsweise nehmen wir den Lotussitz oder den Schneidersitz ein. Falls Sie mit einem Gefährten oder einer Gefährtin praktizieren, achten Sie darauf, im ge-

[25] *Es ist dieser Aspekt des Verderbens, auf den sich der Islam konzentriert, wie er sich im Allgemeinen darstellt. Tatsächlich scheint es, dass in einigen Suren nicht Alkohol oder Wein an sich verboten werden, sondern Trunkenheit. Die "Sure Mohammed" (47:15) nennt im Übrigen "Bäche mit Wein" als Belohnung im Paradies ...*

genseitigen Kontakt Rücken an Rücken zu sitzen, wobei Sie jeder ein kleines Glas Wein vor sich gestellt haben. Es ist nicht wichtig, ob es sich um Rotwein oder Weißwein handelt. Aus Respekt vor seiner Rolle müssen wir nur darauf achten, dass er qualitativ hochwertig ist.

b) Nach einer Zeit der Stille und Innenschau lassen Sie mit geschlossenen Augen im friedlichen Rhythmus einiger Atemzüge eine Lichtsäule zwischen Ihrem ersten und zweiten Chakra hinauf- und hinabsteigen.

c) Sie werden von selbst spüren, wenn es an der Zeit ist, nach einem Einatmen Ihr kleines Glas Wein in eine Hand zu nehmen. Führen Sie es auf die Höhe Ihres Herzens und dann an Ihren Mund. Trinken Sie dann den Inhalt in kleinen Schlucken in Ihrem Rhythmus. Achten Sie darauf, es sehr bewusst und losgelöst zu tun, damit sein Lebensgeist sich in Ihnen niederlässt und Sie durchdringt.

d) Machen Sie sich bewusst, dass dieser Lebensgeist ein Übermittler ist. Sie können ihn in dem "völlig undefinierbaren Etwas" erkennen, das sich allmählich durch sein Aroma erahnen lässt, als würden Sie sanft einen Vorhang davor beiseiteziehen. Lassen Sie sich wirklich die notwendige Zeit, um dieses "Etwas" sich in Ihnen ausbreiten zu lassen.
Mit ein wenig Übung werden Sie beginnen, eine Art Lichtblitze in Ihrem Wesen wahrzunehmen, begleitet von Zuständen des Erstaunens, die (wenn auch vielleicht

nur kurz) jede Empfindung von Dualität auslöschen. Wodurch zeichnen sich diese Zustände aus? Lassen Sie sie einfach "etwas über Sie" erzählen. Es wird etwas sein, das einiges über Ihre Beziehung zum Leben aussagt, zu allem, was Ihre Seele ihm, auch unwissentlich, geben möchte in ihrem Bedürfnis, das Beste ihrer selbst weiterzugeben. Denn Sie sind ein Schauspieler des Lebendigen, ein Bindeglied, das nach dem Fließenden zwischen Allem strebt.

Solche Momente werden gesegnet sein und Sie zum Bestandteil einer zeitlosen Tradition machen. Sie werden dazu beitragen, den Durst des tiefen Gedächtnisses Ihrer Zellen bis hin zu Ihrem Keimatom zu stillen, dort hinten und hier vorn, im Allerheiligsten Ihres Herzens. Mancher wird vielleicht sogar den Eindruck haben, all das außerhalb seines Körpers zu erleben. Dieser Eindruck darf aber niemals gesucht werden, um den begonnenen Erhebungsprozess nicht zu behindern.

e) Wenn Sie spüren, dass diese Phase der Hochstimmung zu Ende geht, führen Sie langsam eine Hand flach auf Ihr zweites Chakra und die andere Hand zur Mitte Ihrer Brust auf *Anahata*.

Sie können sich sicher vorstellen, welche Macht in dieser Erfahrung liegt, wenn diese Bewusstseinszustände beim gemeinsamen Praktizieren mit einem geliebten Menschen gleichzeitig empfunden werden. Dann nähern wir uns einigen lehrreichen Besonderheiten des Tantra und erhaschen einen Blick auf die Ufer des geistigen Orgasmus ...

Vergessen Sie aber in jedem Fall nicht, der Quelle in Ihnen zu danken.

2

Das Brot – Initiation nach Maria

Die Pilgerfahrt, auf die ich Sie nun einlade, um den Geschmack des Brotes zu ergründen, wird sich als genauso wichtig herausstellen wie die vorherige, denn das Brot ist die unverzichtbare Ergänzung des Weins. In Eleusis wurde das Brot als Sublimierung des Weizens ebenso zelebriert und als Fortsetzung Demeters gesehen, einer Göttin, die eng mit der Erntezeit und der reichen Welt der Pflanzen verbunden war, die von den himmlischen Kräften beschützt wurden.[26]

So wurde das Brot stets als archetypisches Lebensmittel betrachtet, das die scheinbaren Gegensätze der irdischen Dichte und des spirituellen Atems miteinander versöhnte. Es leuchtet deshalb ein, dass auch die Prinzipien von *Ida* und *Pingala* sich darin vereinigen, um zu uns von der Wirklichkeit *Sushumnas* als Folge eines aufsteigenden Austauschs zu sprechen ...

---

[26] *Die altgriechische Göttin Demeter hatte bei den Römern ihre Entsprechung in Ceres, deren Name für uns mehr Aussagekraft hat, da er vom Wort "Zerealien" ("Getreide") abstammt.*

Aber bevor wir weitergehen, heben wir den Blick zum Himmel und neigen wir gleichzeitig den Kopf zum Boden, denn etymologisch bedeutet Demeter "Erdmutter". Das überrascht nicht, da sie voll und ganz die Rolle einer Muttergöttin als ewige Nahrungsspenderin innehat. Daher erscheint es nur logisch, dass den Gesten des Brotbrechens und -teilens in einem erweiterten Bewusstseinszustand während der gnostischen Strömung in den ersten Jahrhunderten unseres Zeitalters der Initiationsname Marias gegeben wurde. Denn der universale Anspruch des weiblichen Prinzips, das irdisch und himmlisch zugleich ist, wie man es auch benennt, macht *die* nährende Mutter aus ihr.

Natürlich gibt es die Eucharistie, die, wie es heißt, von Christus beim berühmten Abendmahl eingeführt wurde und mit dem Brechen und Teilen des Brotes begann, um dann mit dem gemeinsamen Kelch Wein fortgesetzt zu werden. Das hieße aber zu vergessen, dass das Teilen des Brotes schon vorher in den jüdischen Gemeinden und in der Bruderschaft der Essener existierte. Die jüdische Tradition wollte es, dass man auf diese Weise vor jeder Mahlzeit die "Befreiung Ägyptens" feierte und sich zugleich auf die endgültige spirituelle Befreiung vorbereitete. Dass das Teilen des Grundnahrungsmittels Brot auch in anderen Kulturen im Mittelpunkt stand, die man aber aus den Augen verloren hat, scheint mir ganz logisch und offensichtlich zu sein.

Es gibt grundlegende Haltungen und Gesten, deren Folgen und heilige Fortsetzungen immer die Gipfel des menschlichen Bewusstseins ansprechen werden.

Hinter dem Archetypen des Brotes spricht der Weizen von den Zyklen des inkarnierten Lebens, denen wir unterworfen sind, die wir aber trotzdem transzendieren müssen, indem wir sie auf eine höhere Schwingungsebene führen. Tatsächlich ist die Weizenähre ein Synonym für Tod und Wiedergeburt oder Erneuerung, da ihr Samenkorn sich von selbst aussät und uns an das ewige Prinzip der Fruchtbarkeit der Natur erinnert.

So kann der Geschmack des Brotes, voll und ganz "entschlüsselt", uns den Geschmack des Lebens aufzeigen, um zu wachsen und den Nährboden unseres Wesens zu befreien.

Die folgende Übung zielt darauf ab, das zu erleben oder es zumindest zu erlernen.

a) Wie bei der Initiation nach Noah entfaltet auch die Initiation nach Maria ihre ganze Wirkung, wenn sie zu zweit durchgeführt wird[27]. Dabei sitzt man aber nicht mehr Rücken an Rücken, sondern mit dem Gesicht zueinander, wobei die Beine sich in engem Körperkontakt berühren.
   Bevor Sie diese Haltung einnehmen, stellen Sie einen Korb mit einem kleinen Brot darin in den Bereich, der durch Ihre gebeugten Beine und die gebeugten Beine der anderen Person entstanden ist, die Sie in diesem heiligen Ritus begleitet.

[27] *Auch hier ist es natürlich genauso möglich, sie allein durchzuführen.*

b) Führen Sie alle vier Hände so zusammen, wie es Ihnen am angenehmsten ist. Schließen Sie gemeinsam die Augen, und falls Sie beweglich genug sind, lassen Sie Ihre Stirn für einige Augenblicke die Stirn des anderen berühren.
Nachdem Sie tief, aber langsam eingeatmet haben, atmen Sie jeder im eigenen Rhythmus weiter, ohne weiter darauf zu achten.

c) Nun kommt der Moment, um sich auf Ihr zweites Chakra zu konzentrieren, also sanft Ihr Bewusstsein dorthin zu lenken. Vielleicht nehmen Sie dort von Anfang an ein kleines inneres Feuer wahr, das die beruhigende Wärme eines Ofens ausstrahlt. Falls nicht, entzünden Sie eines ...

d) In diesem Zentrum, das Sie immer mehr wie einen Mutterschoß spüren, verweilen Sie nun. Lassen Sie dann daraus eine Wärmesäule bis zu Ihrem vierten Plexus *Anahata* aufsteigen. Lassen Sie ihn sich damit füllen ...

e) Ganz natürlich werden Sie dann den richtigen Moment für die Segnung Ihres Brotes spüren.
Legen Sie sanft die Hände darauf und zeichnen Sie innerlich ein Weihezeichen in seine Mitte, das Ihrem Empfinden am besten entspricht. Das kann ein griechisches Kreuz sein, das Anch-Zeichen der Alten Ägypter oder auch ein "Mond-Sonnen"-Stern mit acht Zacken – wichtig ist, dass das Symbol sehr bewusst erzeugt wird.

f) Beenden Sie die Weihe durch das Brechen des Brotes, entweder allein mit Ihren Händen oder in seelischer Verbundenheit gleichzeitig mit den Händen des geliebten Menschen, der Sie begleitet. Dies ist der Anfang der Aussaat, die jedes Teilen bedeutet.

g) Führen Sie nun ein kleines Stück Brot an Ihren Mund und genießen Sie es mit allem gebührenden Respekt und aller Liebe, die sich durch Ihren Wunsch darin verdichtet hat und Sie mit der Universellen Mutter verbindet.
Fürchten Sie sich nicht davor, sich vom Geschmack des Brotes davontragen zu lassen, das Ihren Körper nährt und gleichzeitig das Bewusstsein Ihres Herzens weitet. Versuchen Sie, Nuancen zu erkennen, damit diese auf ihre Weise an Ihrer Seelenqualität arbeiten und den jetzigen Moment erweitern können. Die Menschen von einst versuchten, ihn zu verlängern, bis sich ein leichtes Schaudern entlang des Rückgrats einstellte, wie als Siegel eines erneuerten Bündnisses.
Es könnte sein, dass eine Welle aus "leuchtenden Aromen" Sie überflutet und fragen lässt: "Wer bin ich? Was ist dieses Leben, das in diesem schwebenden Moment meines ist?"

h) Jetzt bleibt Ihnen nur noch, wieder die Hände Ihres Gefährten oder Ihrer Gefährtin zu nehmen und eine Stirn an die andere zu legen, um das Ritual abzuschließen.

Muss hier noch darauf hingewiesen werden, dass diese beiden Zeremonien zur Sakralisierung des Geschmackssinns auch nacheinander durchgeführt werden können? Für Ihr tiefes Wesen ist das eine wahre Eucharistie "unter beiderlei Gestalt". Sie feiern damit gewissermaßen die Agapes, das brüderliche, gemeinsame Mahl von Seelen, die sich vollkommen lieben, aber auch ein Mahl am Tisch des Göttlichen. Es lädt sich in Ihren Körper ein, auf dass Sie sich der erhabenen Sinnlichkeit Seines Atems überlassen ...

Kapitel VI

AUF DER SUCHE NACH DEM ZWEITEN BLICK

Alles tun und alles sein, um das Göttliche zu inkarnieren und das Menschliche zu vergöttlichen ... Braucht es wirklich Millionen Jahre oder Leben, um *dem* irgendwann nahezukommen?

Ja, so scheint es ... Aber wenn wir darunter nicht leiden wollen und darüber nicht den Mut verlieren wollen, sollten wir lernen, über dem mentalen Gefängnis der Zeit zu stehen.

Dieser Durchbruch kann nur stattfinden, wenn der herbeigerufene Atem in uns uns ermutigt, eine zunehmende, andere Nähe zu allem, was *Ist*, zu entwickeln, und uns die damit verbundene Freiheit entdecken lässt.

Sind wir bereit zu akzeptieren, was diese Freiheit bedeutet? Es ist die Konfrontation mit der Unermesslichkeit des Lebendigen, eine Herausforderung, die durch die Gabe des Sehens noch verstärkt wird.

Stellen wir uns aber zuerst einmal die trügerisch einfache Frage: "Sehen - was ist das?"

Manche werden rufen: "Ich glaube nur, was ich sehe!" Diese Aussage reduziert das Sehen auf eine banale visuelle

Feststellung und ist schon etwas "abgegriffen". Aber nach wie vor schaltet sie das Bewusstsein stumm, weil sie perfiderweise wie einiges andere dazu beiträgt, unsere Gefangenschaft zu verlängern.

In Wirklichkeit hebt diese Aussage sich aber selbst auf, sobald wir zu verstehen beginnen, dass sie auf der Verwechslung zweier Konzepte beruht: dem Sehen und dem Blick, denn Ersteres unterscheidet sich klar von Zweiterem. Wir können ganze Leben damit verbringen "umherzublicken", ohne jemals zu "sehen".

Ein chinesisches Sprichwort sagt: *Wenn der Weise auf den Mond deutet, sieht der Narr den Finger.* Sind wir etwa alle mit dieser Dummheit geschlagen? Ohne unsere Bemühungen kleinreden oder irgendwen verärgern zu wollen, glaube ich das sofort, weil unser Blick schwach ist und nicht gerade weit trägt. Meist hält er auf halber Strecke an, überzeugt, sie komplett zurückgelegt zu haben, obwohl er kaum an der Oberfläche der Dinge gekratzt hat.

Wer wagt es, vom kalten Blick zum intensiven Sehen überzugehen? Ganz einfach alle, die keine Angst davor haben, die Welt der Gefühle zu erkunden, weil sie verstanden haben, dass sie eines der wunderbarsten Werkzeuge ist, die die Quelle für uns bereithält.

Oh ja, ich weiß, Gefühlen ist nicht zu trauen, vor allem, wenn wir "ernsthaft" einen Weg verfolgen, der uns dem Geist näherbringen soll. Wahrscheinlich ist das so ... Aber ist nicht auch das Ego, das dank seiner vielgestaltigen Masken und ihrer Fallstricke alle diese Gefühle erlebt, ein Werkzeug?

Gefühle gibt es wunderschöne und erhebende, geprägt vom Bedürfnis, höher getragen zu werden, und ich bin mir sicher, dass ein Universum ohne Gefühle furchtbar "metallisch" im kältesten Sinne des Wortes wäre.

Aber es sollte uns nicht wundern, dass *Manipura*, der Plexus unseres Körpers, der vorrangig über sie herrscht, auch noch der Plexus des Sehens ist. Zu sehen bedeutet, die Fähigkeit zu haben, ins Herz von etwas einzutauchen, das einen Geruch hat, ein Aroma hat oder greifbar ist. Aber paradoxerweise bedeutet es auch, das Glück zu haben, ins Unsichtbare vorzudringen, ins Universum der Vorformen unserer Welt und unserer selbst.

Natürlich ist es so, dass schon im Vorhinein der einfache Sehsinn urteilt, bewertet, verdammt, bespitzelt, begehrt, verblasst, wertschätzt, sich sattsieht und sich ergötzt, ganz im schwankenden Rhythmus unserer Gemütszustände. Er stellt die "Epidermis" unserer inkarnierten Persönlichkeit dar. In dieser Hinsicht ist er unerlässlich und muss mit all seinen tausend Nuancen respektiert werden. Wäre es da nicht gut zu lernen, sich seiner besser zu bedienen, um wirklich sehen zu können? Damit meine ich: aus dieser Art Automatismus auszusteigen, durch den wir den Blick auf jemanden oder etwas richten, aber alles einfach nur "überfliegen".

Stellen wir uns also regelmäßig die Frage: "Wie oft habe ich andere heute mit fest geschlossenen Augen angeschaut?" Wenn wir ehrlich sind, könnten wir tief drinnen überrascht von der Antwort sein.

Diesen Punkt müssen wir mitfühlend mit uns selbst klären, denn wenn unser "Ich" anstrebt, "einen anderen Gang einzulegen", wird es den Blick meistern müssen, um dahinter zum Sehen zu finden.

Man könnte sagen: Während der Blick mit dem Körper und den Formen *dessen, das existiert*, zu tun hat, gehört das Sehen dem heiligen Wunsch an, die Seele und die innere Architektur *dessen, das ist,* zu erforschen. Diese Zeilen möchten Ihnen versichern, dass immer eine "Stunde des Bewusstseins" kommt, in der wir einen Schritt nach vorn wagen müssen, in dem Wissen, dass wir keinen Schritt mehr zurückgehen werden, auch wenn uns dabei schwindelig wird.

Es gibt eine kleine, sehr einfache Übung, die helfen kann, diesen Schritt zu bewerkstelligen. Sie lässt uns das Licht der ätherischen Welt der Vorformen sehen ...

1

Die Kunst zu sehen, ohne nur umherzublicken

Für diese Übung müssen Sie einen Ort in der Natur aufsuchen, an dem keine Verschmutzung durch künstliche Lichtquellen möglich ist. Idealerweise könnte das an der Meeresküste sein, vor der Kulisse einer schönen Anhöhe oder eines Berges oder auch unweit einer Gruppe alter Bäume. Alles sollte sich gut vom Himmel abheben, vorzugsweise wenn die Sonne nicht zu stark ist und sich vor allem nicht vor Ihnen befindet und auch kein Nebel herrscht.

Nehmen wir zum Beispiel einen Bergkamm. Das wird einfacher sein, weil der Fels und die Vegetation, die ihn manchmal bedeckt, immer von einer machtvollen Energie erfüllt sind, die aus den Tiefen der Erde emporsteigt.

Wir stellen uns vor diesem Bergkamm hin, dessen gewaltige Umrisse sich deutlich vor dem gleichförmigen Himmel abzeichnen. Dann richten wir die Augen auf ihn, wobei wir ihn aber nicht wirklich anblicken, also keinen "Fokus" auf ihn richten, sondern auf "etwas", das wir nicht sehen können, sich aber hinter seinen Umrissen befindet. Bei Bedarf behelfen wir uns damit, ein bisschen mit den Augen zu blinzeln.

Wenn dieser Pseudo-Blick völlig entspannt ist, bemerken wir rasch, dass der Umriss des Berges von einem schönen, weißgrau-bläulichen Lichtschein umgeben ist. Im Gegensatz zu dem, was man vielleicht versuchen wird uns glauben zu machen, ist das kein optischer Effekt, sondern einfach das Strahlen der ätherischen Aura der Gesteinsmasse, das von der Lebenskraft zeugt, von der er durchdrungen ist. Tatsächlich nehmen wir die "Widerspiegelung der Essenz" seiner Wirklichkeit als aktiver, nährender Bestandteil von Mutter Erde wahr.

Obwohl dieses Strahlen eigentlich überall extrem machtvoll ist, kann es vom Beton und Asphalt aller Großstädte dieser Welt größtenteils erstickt werden. Seine nährende, regenerierende Wirkung ist dort praktisch nicht mehr vorhanden, vor allem, wenn man auf einer ziemlich hohen Etage lebt.

Falls Sie sich von dieser Übung angezogen fühlen, können Sie sicher sein, für diese Wahrnehmung keine besonderen Fähigkeiten zu brauchen. Machen Sie sich nur bewusst, dass Sie frei und sachte eingeladen sind, vom klassischen Umherblicken zu einer ersten Stufe des Sehens überzugehen. Außerdem können Sie sicher sein, dass nicht Ihr Wille gefordert ist, sondern seine Aufgabe durch vollkommenes Loslassen. Seien Sie einfach der Kelch, der bereitsteht und wartet ...

Mit ein wenig Übung und einem offenen Herzen werden Sie ein reales, neues Gefühl erkunden, das Sie weiterbringen wird ... Es ist ein erster Schritt hin zu einer Form des Erstaunens und eine offene Tür hin zu den Schönheiten der Kontemplation.

Viele fragen sich: "Warum habe ich so etwas noch nie vorher gesehen?" Die Antwort ergibt sich von selbst: "Weil ich dem noch nie Aufmerksamkeit geschenkt habe." Und wir können noch hinzufügen: "Weil der Aufmerksamkeit eine Absicht vorausgeht. Und weil Absicht bedeutet, der Notwendigkeit nachzukommen zu entdecken, zu verstehen und zu lieben."

Was das Lebendige betrifft, so ist Es allein bestrebt, sich ansehen zu lassen, weil Es unendlich sinnlich ist und weil das wahre Sehen, das Respekt und Verehrung hervorruft, zur Liebkosung werden kann. Dann wird es als *Darshan* bezeichnet.

2

Die Gnade des *Darshan*

Im Gegensatz zu den Wörtern *Chakra* und *Karma*, die inzwischen Einzug in die Alltagssprache gehalten haben, ist uns im Westen den Begriff des *Darshan* noch nicht wirklich bekannt, der ebenfalls zutiefst mit der hinduistischen Kultur verbunden ist. Aber es ist dringend nötig, denn allein *Darshan* zeigt die "Vision des Göttlichen" und ihr überwältigendes Konzept auf.

Was genau ist *Darshan*? Es ist die konkrete, visuelle Begegnung mit einem Meister der Weisheit oder auch mit einem Gegenstand, der aufgrund seiner Herkunft und Geschichte als "heilig" gilt.

Das Ereignis soll denjenigen, der es erlebt, in eine direkte Beziehung mit einer Facette des Göttlichen bringen und eine kontemplative Versenkung in ihm hervorrufen. Es bedeutet also das Eintauchen des Bewusstseins in einen manchmal intensiven Gnadenzustand, der eventuell von verschiedenen Manifestationen begleitet wird. Diese innere Reise führt ins Herz des Herzens, was den therapeutischen und sogar heilenden Ruf des *Darshan* erklärt.

Ich selbst habe einige *Darshans* erlebt und kann sagen, dass ihre Macht nicht an der Aufmerksamkeit lag, die der

Meister der Weisheit den Anwesenden schenkte, sondern am fast spürbaren Atem seiner Aura. Das sublimierende Gefühl, das in diesem zeitlosen Augenblick durch seine Vision ausgelöst wurde, wirkte jedes Mal wie die Bestellung eines Ackers, gefolgt von der Aussaat von Bewusstseinen, ohne dass es Worte gibt, die das Großartige daran beschreiben könnten.

Aber natürlich hat nicht jeder das Glück, wenigstens einmal im Leben einem wahren Meister der Weisheit, einem "Übersetzer des Heiligen" zu begegnen. Es ist eine Gelegenheit, die wir suchen können, aber auf die wir nicht unbedingt vorbereitet sind, falls sie sich dann materialisiert - obwohl solche Wesen überaus selten sind. Denn *sich ergriffen in ein sinnliches Gefühl zu begeben, bevor es von selbst entsteht, ist der beste Weg, um es nicht zu erleben.* Beim Sehsinn, wie im Übrigen auch bei allen anderen Sinnen, ist das Fehlen von Erwartungen, also einer inneren "Programmierung", Garant für die Intensität des Erlebens.

Wie auch immer, es gibt einen unumstrittenen, absoluten Meister, dessen *Darshan* jeder von uns empfangen kann ... Es ist der unendliche Raum der Natur. Nichts ist einfacher, als sie in uns zu umarmen und sich von dem heiligen Begehren davontragen zu lassen, das ihr ihre ganze Fülle verleiht. Ihre Göttlichkeit wartet darauf, dass wir die abertausend Lebensformen wahrnehmen, die sich in ihr tummeln, um uns unvermittelt ihr *Darshan*, ihren Segen, zuteilwerden zu lassen.

Viele Autoren aus der Zeit der Romantik haben wahrscheinlich diesen "Transport" empfunden, ohne ihn genau benennen zu können, weil er es so gut vermochte, in einer freien, strahlend schönen Natur ihr Herz zu öffnen.

Und was ist mit gewissen Malern, die ihr ganzes Leben damit verbracht haben zu versuchen, das Licht eines Himmels, einer Atmosphäre, eines Gesichtes oder eines Körpers einzufangen? Wem oder was sie auch immer innerlich folgten, ihrem Blick ging unweigerlich ein anderer *Blick* voraus, der als Übersetzer der Allgegenwart des Geistes wirkte.

Dasselbe könnte man heute wohl im Bereich der Kunstfotografie sagen, vor allem bei manchen Tierfotografen, die oft tagelang bewegungslos auf den perfekten Moment für eine Aufnahme warten, um die Großartigkeit eines Aspektes des Lebendigen zu dokumentieren.

Und wir? Welche Einstellung haben wir nicht nur gegenüber Dem, das sichtbar und unsichtbar die Natur prägt, sondern auch gegenüber Gesichtern oder Körpern? Damit meine ich nicht unbedingt deren "kanonische" Schönheit, die leicht unsere Sinne anspricht. Zwar hat das ästhetische Empfinden die Gabe, vorübergehende, verwirrende und verständliche Gefühle aufkommen zu lassen, aber darum geht es hier nur am Rande.

Lieber möchte ich vorschlagen, über die Perfektion der Linien und Formen hinauszugehen, dorthin, wo sich die Geschichte eines Lebens eingeschrieben hat, sein Glück und sein Leid, seine Leere und seine Fülle. Man wird mir sagen, dass sei doch ein ganz klassisches Bild. Ja, genauso ist es ...

Weniger klassisch ist allerdings die Auffassung, dass auch die visuelle Begegnung mit einem Blick, Gesicht oder Körper den Rang eines *Darshan* haben kann. Es liegt an uns, das möglich zu machen, indem wir innerlich die Spuren der Quelle im anderen wahrnehmen.

Realität wird dies dann, wenn wir akzeptieren, dass diese Wahrnehmung eine Segnung ist, die eine weitere anziehen wird. Steigt Wasser, das vom Himmel herabfällt, durch Verdunstung nicht wieder zu ihm hinauf? Das Leben ist ein einziger Austausch ...

Bekanntlich gibt es Blicke, die besudeln, und umgekehrt gibt es Wege, die Augen für andere zu öffnen, um ihnen Schönheit und Respekt wiederzugeben. Genau darum geht es.

Der Sehsinn ist dazu bestimmt, sich von selbst zu sublimieren, um dann in uns zu erzeugen, was ich gerne den "Zweiten Blick" nenne. Er inspiziert nicht, sondern umarmt.

3

Uns finden, indem wir uns verlieren

Wer hat sich noch nie vom Zauber dieses Zweiten Blicks hinreißen lassen und sich in einem Moment der Entspannung oder Nostalgie in den Wolken verloren? Wir wissen dann gar nicht genau, was wir betrachten, aber wir betrachten es. Die Umrisse der Wolken mit ihren unaufhörlichen Verwandlungen faszinieren uns, Gesichter und Formen zeichnen sich darin ab und verschwinden wieder, absorbiert vom Spiel des Lichts ...

Fraglos liegt in diesem Spektakel ein Gnadenzustand, den es anzuerkennen und in den es einzutreten gilt. Ich für meinen Teil erkenne immer mit Freude eine wahre "heidnische" Zeremonie, die alle Glaubensrichtungen der Welt in sich vereint. Ich sehe darin die Grundlage für einen schamanistischen Ansatz, weil darin eine direkte Verbundenheit mit der Essenz jedes Lebens zum Ausdruck kommt.[28]

---

[28] *Im ursprünglichen Sinne bedeutet das gotische Wort haiþi, das vermutlich auf das deutsche Wort "Heide" zurückgeht, "Feld, Acker" [Anm. d. Übers.]. Das entsprechende hier benutzte französische Wort "païen" wiederum geht auf das Lateinische "pagus" zurück, das "Landvolk" bedeutet, also ebenfalls auf die Kräfte der Natur als Gegenstand eines unbefangenen Kultes hinweist.*

Ins Unendliche des Himmels einzutauchen und sich darin zu verlieren, ist daher ganz sicher kein "Entertainment", sondern im Gegenteil die Zentrierung unseres Bewusstseins auf einen der offenkundigsten Aspekte der Allgegenwart des Heiligen.

Erkennen wir im Klein-Klein unserer Existenz eigentlich, wie wir gleichzeitig von der Unermesslichkeit zwischen den Horizonten angesprochen werden?

Doch vielleicht gibt es ja noch etwas Lehrreicheres, als unseren Willen diesem Zweiten Blick zu überlassen. Im frühesten Altertum des Alten Ägyptens gab es als Teil der Initiationsvorbereitung auf den "kleinen Tod" eine Übung, bei der man sich für einen bestimmten Zeitraum in einem Steingrab einschließen ließ.

Die Übung begann mit der unvermeidlichen Aufgabe, das Herz der Dunkelheit zu durchdringen und *das Licht herauszuziehen*, um aus ihm einen seelischen Ausgang herzustellen, während man gleichzeitig im Gefühl des Einsseins, im Zustand *Advaita* war.

Auch wenn es aus vielen Gründen natürlich absolut nicht darum geht, die Erfahrung des "kleinen Todes" zu suchen, ist es jedem von uns möglich, seinem Sehsinn zu erlauben, in vollkommene Dunkelheit einzutauchen. Dazu brauchen wir nur eines: dass diese Dunkelheit wirklich absolut ist, eine reale Präsenz, in der unsere weit geöffneten Augen nichts anderes als sich verlieren können ...

Diese Übung ist außergewöhnlich in ihrer Einfachheit und in der Tragweite dessen, was sie bewusst macht. Sie verlangt, absolut nichts zu tun, alles in sich bewegungslos zu machen wie in *Yab-Yum* ... Diese Bewegungslosigkeit beginnt damit, auf keinen Fall unsere Augen zu gebrauchen, wie um die Dunkelheit zu zwingen, sich zu öffnen, was widersinnig wäre, da sie nicht geschlossen ist.

Udjat-Auge der Alten Ägypter

Meist dauert das Warten nicht lange ... Es ist umso kürzer, wenn wir bereits gelernt haben, unseren Sehsinn zu entspannen, indem wir wie weiter oben empfohlen die ätherische Energie zum Beispiel eines Berges oder einer Baumgruppe in uns aufgenommen haben. Schon kurz darauf werden Sie also Lichtpunkte in der "Schwärze" bemerken, vergleichbar mit winzigen lebendigen Zellen, die sich in alle Richtungen bewegen. Ich nenne sie *Lebenskörner*, und sie zeugen von einem unendlich aktiven, "pulsierenden" Licht, das unser klassisches Verständnis von Licht und Schatten übersteigt.

Ja, diese Präsenz, die ich auch gerne *Licht des Lichtes* nenne, versteckt sich und wirkt bis ins Innerste der Dunkelheit hinein. Sie lässt uns verstehen, dass diese Dunkelheit in Wirklichkeit gar keine ist, sondern ein Mantel, der uns vom nächtlichen Sternenhimmel träumen lassen kann.

Warum sollten wir uns also nicht regelmäßig diese Vision schenken, für die nur etwas Hingabe und Liebe nötig ist? Es ist eine tröstliche, erhabene Erfahrung für die Seele, vor allem, wenn wir am Ende feststellen, dass jedes *Lebenskorn* hinter jeder Bewegung die flüchtige Spur eines silbrigen Fadens zurücklässt, der an eine Sternschnuppe erinnert.

Nun können wir verstehen, dass wir mit dieser Übung auch den Himmel unseres Wesens besuchen. Jeder von uns ist ein vollständiger Kosmos in ständiger Einheit mit dem unermesslichen Schoß des Kosmos, aus dem wir alle ausnahmslos hervorgegangen sind. Die Übung ist ein wunderbarer Weg, um uns das im Einklang mit den großen metaphysischen Prinzipien bewusst zu machen, die wir zu formulieren fähig sind.

Wenn wir uns zum Zeugen des kosmischen Tanzes der *Lebenskörner* machen (denn man hat wirklich das Gefühl, dass es sich um ein Ballett handelt), fällt es schwer, nicht an den Tanz von *Shiva und Parvathi* in der hinduistischen Tradition zu denken. Tatsächlich handelt es sich um den ständigen Tanz der Schöpfungsenergien *Prana* und *Akasha*, den Tanz der Energie des Unerkennbaren, der webt, entwebt, um wieder neu zu weben und so weiter, jenseits aller Konzepte von Raum und Zeit. Einige sehen darin den endlosen Reigen der Atome der Materie, aber es ist subtiler, weil es Teil eines multidimensionalen "Spiels" ist.

Das, was Ist, hinter dem Raster dieses Tanzes zu suchen bedeutet, das Dritte Auge aller Traditionen aufscheinen zu lassen, sein Licht zu entzünden, um sich allmählich aus dem Raum-Zeit-Gewebe der *Maya* zu lösen.

Kapitel VII

DIE ZÄRTLICHKEIT DER BERÜHRUNG

Jetzt würde ich gerne mit Ihnen eine weitere Stufe auf unserem körperlichen Baum erklimmen und gemeinsam die Ebene des vierten Chakras besuchen, des unumgänglichen *Anahata*, Sammelpunkt so vieler Kräfte ...

Halten wir zunächst einmal fest, dass es sich dabei um das für den Tastsinn zuständige energetische Zentrum handelt. Es mag uns überraschen, aber dieser Sinn ist nicht zu unterschätzen, da er uns in eine sehr konkrete Beziehung zur Welt und zum "anderen" setzt, also mit allem, das uns wie ein Bumerang auf uns selbst zurückverweist und uns uns selbst offenbart.

Unsere taktile Beziehung zur Materie ist tatsächlich von grundlegender Bedeutung. Zuallererst sucht und verstärkt sie in uns alles, was mit dem Begriff der Glaubwürdigkeit in Verbindung steht.

Nehmen wir ein anschauliches Beispiel. Heißt es nicht in der christlichen Tradition, der Jünger Thomas habe sich nicht damit begnügen können, mit eigenen Augen Jeshuas Wunden zu sehen, sondern habe sie berühren müssen, um es wirklich zu “glauben”? Zu berühren bedeutet zu überprüfen, also, “wahr zu machen”, um “diesem Wahren zu vertrauen”.

Dann müssen wir uns den affektiven Aspekt anschauen, der sich im fast instinktiven Bedürfnis nach Berührung zeigt, um Freundschaft, Anziehung oder Liebe zu bekunden, manchmal bis hin zu Besitzgier oder Kontrollsucht.

Kurz gesagt bedeutet Berührung, eine Existenz zu bejahen und auch, sich zu erlauben zu sagen, dass wir wertschätzen, lieben oder zumindest das empfinden, was wir uns unter Liebe vorstellen.

Und schließlich verbergen sich hinter dem Tastsinn auch noch Vorstellungen von Respekt und Respektlosigkeit. Dies weist auf den Status der Unverletzlichkeit hin, der allem zu eigen ist, das von Natur aus einen intimen oder heiligen Charakter hat. So besteht zum Beispiel in einigen Monarchien Einvernehmen darüber, den Herrscher “nicht anzutasten”, genauso wie man in einigen religiösen Kulturen einen spirituellen Meister nicht mit der Hand berührt, der eine Ausdrucksform oder einen “Strahl” der göttlichen Quelle verkörpert.

Im Grunde ist das Bedürfnis nach Berührung so sehr in die Inkarnation eingeschrieben, dass sie wegen ihrer Spontaneität schon immer zu Verboten geführt hat. Welches Kind hat noch nie gesagt bekommen: “Nicht anfassen!”, wenn es vor irgendetwas Faszinierendem gestanden hat?

Was uns betrifft, werden wir hier natürlich nicht aus Neugier, Informationsbedürfnis oder gar mit der Absicht irgendeiner Bloßstellung weiterreisen, sondern um eine andere Art zu lieben zu erlernen und mit einer anderen Wahrnehmung eine Fortsetzung des Heiligen im Anderen und in uns zu entdecken.

Im ersten Teil dieses Buches habe ich schon die Rolle der Haut als wichtiges Organ angesprochen, um zur Versöhnung von Körper und Geist zu finden, wie sie in der Disziplin des *Tantra* angestrebt wird.[29]

Um diese Anerkennung der Haut als mögliche Lehrmeisterin noch weiter zu verfeinern, die ständig den Tastsinn herausfordert, werde ich Sie jetzt mit zwei Bereichen des menschlichen Körpers bekannter machen, deren Bedeutung und Berührungspotenzial viel zu sagen haben: Hände und Füße. Das wird uns aber nicht daran hindern, zuerst noch einen "Umweg" über Mund und Stirn zu machen.

[29] *Siehe 3. Kapitel.*

1

Die Hand und die Sprache der Seele

Aller Menschen Hand versiegelt er, damit alle Leute sein Werk erkennen mögen."

Dieser Satz aus dem Alten Testament[30], der leicht übersehen werden kann, sagt mehr aus, als man im ersten Moment meinen könnte. Ich bin daran hängen geblieben, weil er deutlich auf die stete Spur hinweist, die das Göttliche in jedem menschlichen Wesen hinterlässt. Er bestätigt die Existenz der ewigen (bewussten oder unbewussten) Erinnerung an die Quelle im Menschen. Er erinnert an das unveräußerliche Vermächtnis, das diese Quelle in unserem Körper hinterlassen hat, um unseren Ursprung und unsere Bestimmung darin zu hinterlegen.

Wenn wir ganz bewusst unsere Hände und die Quintessenz ihrer Finger auf "jemanden" oder "etwas" legen, können wir auf diese Weise dessen erhabene göttliche Abstammung anerkennen, so wie es der Stufe unseres Erwachens entspricht.

Im Grunde vermittelt der Satz auf subtile Weise, dass die Hände und damit die Sprache ihrer Berührung, das Hand-

---

[30] *Buch Hiob 37.7.*

auflegen, eine Würde zum Ausdruck bringen, die ihrer Essenz innewohnt und übertragen werden kann.

Unser Weg wird also erfordern, dass wir uns bewusst machen, dass unsere Handflächen und ihre Verlängerung durch die fünf Finger Pforten sind. Ich würde sogar sagen: wahre Schleusen, die uns auffordern, immer wieder neu und tiefer in die Bewegung des Lebens in uns und im anderen einzutauchen.

Um besser zu verstehen, was das bedeutet, und um uns mit diesen Schleusen vertraut zu machen, müssen wir zunächst einmal wissen, dass unsere Hände und Finger von einem ziemlich komplexen Netz aus "Mikro-Nadis" durchzogen sind, die in einem "sekundären Chakra" zusammenfließen, welches sich genau am Handgelenk befindet ... ein Bereich, der durchaus an die Einschlagstelle der Nägel zur Kreuzigung denken lässt.

Durch diesen Zusammenfluss und den daraus entstehenden Plexus wird ein wichtiges Nadi versorgt, das am Arm entlang bis zur Schulter verläuft und dann wie in einer Abzweigung zum Herz-Chakra hinabsteigt. Der Einstrom durch dieses Nadi trägt damit wesentlich zur großen Bedeutung des Tastsinns bei.

Das Wissen um diese geheime Architektur unseres Körpers könnte hier enden, aber dann würden wir eine der großen Lehren außer Acht lassen, die uns die Wissenschaft des *kaschmirischen Tantra* hinterlassen hat. In ihr wird die kosmische Natur der Funktion der Hände herausgestellt.

Ihre Architektur weist sehr enge Verbindungen jedes Fingers mit einem unserer fünf Sinne auf, was unsere Hände zu erstaunlichen Synthesewerkzeugen macht.

Dieser Lehre zufolge ist der Daumen besonders mit dem Tastsinn verbunden, der Zeigefinger mit dem Sehsinn[31], der Mittelfinger mit dem Geruchssinn, der Ringfinger mit dem Geschmackssinn und der kleine Finger mit dem Gehörsinn.[32]

Aus diesem Blickwinkel wird klar, dass die menschliche Hand über die Feinheiten ihrer taktilen Funktion hinaus ein ideales Bindeglied zwischen den vielen Wirklichkeitsebenen des Wesens ist. Sie wird zu einem Instrument der Zusammenführung. Alle Sinne und deren geheime Gespräche finden in unseren Händen zusammen, daher auch die Bedeutung der Liebkosung als liebevolles Geschenk der Seele an den Körper. Und vergessen wir nicht: Auch der Akt des Küssens ist eine Form der Liebkosung, denn die Hände sind natürlich nicht das einzige Werkzeug der Berührung.

Aber gehen wir hier nicht zu schnell vor. Bevor wir uns langsam und seelenzart auf das seidige Gefühl einer geliebten Haut einlassen, um das Heilige darin zu finden, ist es natürlich gut, wenn wir uns darauf vorbereiten.

Hierfür gibt es einige einfache *Mudras*, die dazu dienen, Energiekreisläufe in unserem Körper zu wecken, die Gelassenheit, Wertschätzung und Hingabe begünstigen. Ich habe

---

[31] *Zeigen wir nicht spontan mit dem Zeigefinger, wenn wir zum Beispiel "Guck mal!" sagen?*

[32] *Sagt man im Französischen nicht in leicht amüsiertem Tonfall: "Mein kleiner Finger hat mir gesagt ..."? Daneben sprachen die Griechen von der Existenz eines Mikro-Nadis, das vom Herzen zum linken Ringfinger verläuft. Im Lateinischen wurde diese Verbindung "vena amoris" ("Liebesvene") genannt, daher die weit verbreitete Tradition, an diesem Finger den Ehering zu tragen.*

mich für zwei entschieden in dem Wissen, dass sie Mahavatar Babaji im Himalaya in seiner aus dem *Tantra* hervorgegangenen Lehre des *Kriya Yoga* (Yoga der Reinigung) immer am Herzen gelegen haben.

Es handelt sich um die *Erd-Mudra* und die *Segens-Mudra*. Für beide ist keine besondere Fingerfertigkeit notwendig, wie die folgenden Illustrationen zeigen.

a) Die Erd-Mudra

Hierfür begegnen sich Daumen und Zeigefinger, um einen Kreislauf zu erzeugen, um vorrangig den Tastsinn und den Sehsinn anzuregen, die beiden Sinne, die am meisten die Wirklichkeit der Inkarnation verstärken. Erinnern wir uns an das archetypische Beispiel des Jüngers Thomas: Sehen und Berühren sind untrennbar miteinander verbunden. Sie anzusprechen, indem wir die *Erd-Mudra* zum Boden richten, bedeutet, die Erde als Mutterschoß unseres Körpers um Unterstützung und Schutz zu bitten, um die Klarsicht zu erlangen, die dieser Körper so sehr braucht.

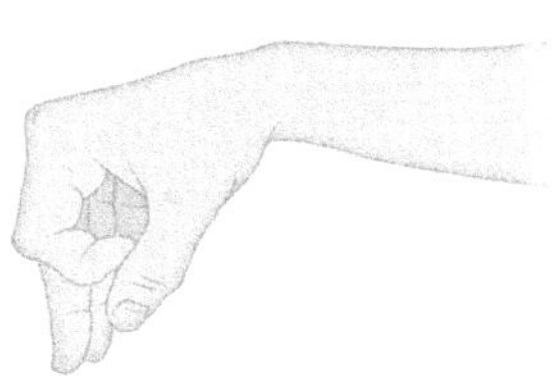

Erd-Mudra

Das Praktizieren dieser *Mudra* ist allerdings fast nutzlos, wenn es von irgendeinem mentalen Mechanismus begleitet wird. Das ist auch vollkommen logisch, wenn wir an die

Ausführungen in diesem Buch denken. Es scheint mir wichtig, noch einmal darauf hinzuweisen, denn unsere Gehirnstrukturen im Westen sind daran gewöhnt, dass wir nur auf einen Knopf zu drücken oder einen Cursor bewegen zu brauchen, um irgendetwas zu erreichen.

Im Praktizieren jeder *Mudra* liegt eine "Magie" im reinen, natürlichen Sinne des Wortes. Unsere Sinne sind aufgerufen, sich endlos zu verfeinern, und zugegebenermaßen ist unsere Beziehung zu ihnen immer noch ziemlich "plump", wenn wir bedenken, was sich unser immer noch getrübtes Bewusstsein erhofft ...

b) Die Segens-Mudra

Sie ist genauso einfach wie die vorherige. Der Mittelfinger legt sich locker auf das Ende des Zeigefingers. Der Daumen und die anderen Finger bleiben locker.

Segens-Mudra

Es wäre aussichtslos, hier ausführlich über die Vereinigung des Sehsinns und Geruchssinns zu sprechen, die durch die Begegnung von Zeigefinger und Mittelfinger angedeutet wird. Mit ihren unendlichen Verzweigungen haben die Netze der Mikro-Nadis, die sich durch den menschlichen Körper ziehen, ihre Geheimnisse, zu denen wir noch lange keinen

Zugang erhalten werden. Daher weise ich einfach nur darauf hin, dass bei der Wahrnehmung der ätherischen Aura einer Hand, die diese *Mudra* bewusst ausführt, deutlich ein starker, bläulicher Lichtstrahl zu erkennen ist, der von der gemeinsamen Spitze von Zeigefinger und Mittelfinger ausgeht. Das ist von großer Bedeutung ...

Natürlich wird dieser Strahl, dessen Intensität notwendigerweise von einer Person zur anderen unterschiedlich ist, von der Reinheit und Kraft der Absicht geprägt, die ihn hervorgerufen hat.

Jede Segnung geht mit Respekt, Verständnis und Mitgefühl einher. Sie ist keine Billigung aller Aspekte dessen, das sie segnet, sondern ein Friedensangebot und ein Geschenk allumfassender Liebe, die dem Besten von dem gilt, was kommen muss. Deshalb kann und sollte eine Segnung im Geiste einer Salbung stattfinden.

Doch wir Menschen sind keinesfalls die Einzigen, die gesegnet werden können. Die Präsenz des Lebens pulsiert und tummelt sich in allem! Denn auch Tiere, Pflanzen oder Mineralien sprechen zu uns, wenn wir die Hände auf sie legen, so wie es auch unsere Aufgabe ist, zu ihnen zu sprechen, indem wir uns selbst befähigen, das Lebendige in ihnen anzuerkennen und zu ehren.

Eine Segnung durch Berührung wird als solche noch mehr wahrgenommen, wenn wir es uns im Leben angewöhnt haben, immer wieder die Segens-*Mudra* zu praktizieren, denn sie wird einen immer lichtvolleren Seinszustand in uns herbeiführen ...

2

Von den Lippen zur Stirn

Aber kommen wir noch einmal auf den obigen Satz zurück: "Auch der Akt des Küssens ist eine Form der Liebkosung, denn die Hände sind natürlich nicht das einzige Werkzeug der Berührung." Denn wenn wir den anderen mit unseren Lippen berühren oder unsere Lippen *sanft* auf seine legen, spüren wir dabei den Atem und die Zartheit der Berührung.

Dazu gäbe es viel zu sagen und zu verdeutlichen, was aber den Rahmen dieses Buches sprengen würde. Denn die Banalisierung bestimmter Gesten zu einer Art "Fast Food" der Sinnlichkeit führt nicht zu Glück und löscht nicht den wahren Durst nach Liebe, der tief in uns allen wohnt.

Im Französischen unterscheiden sich die Wörter für "küssen" ("embrasser") und "entzünden" ("embraser") nur durch ein einziges S, und es liegt an uns zu wissen, was wir damit anfangen wollen. Es gibt zwei Arten von Feuer ... eines, das durch sein Glühen befreit, um zu sublimieren, und eines, das fesselt, um zu vernichten.

Ja, ein Kuss kann zu einer sublimierenden Berührung werden, zu einer Liebkosung der Seele, falls wir das so entscheiden. Wenn wir ihn zu geben und zu empfangen wissen, liegt es an uns, das einfache, grundlegende Begehren hinter uns zu lassen, um uns dem Begehren im göttlichen Sinne zuzuwenden.

Erinnern wir uns an die Worte im *gnostischen Evangelium nach Philippus*, laut denen der Lehrmeister - Christus - Miriam aus Magdala oft auf den Mund küsste. Sie weisen auf eine Übertragung des Atems hin, die weit über den körperlichen Akt hinausgeht, sich aber gleichzeitig darauf stützt. Mehr als eine Salbung in Anerkennung einer Verbundenheit handelt es sich dabei um eine Berührung therapeutischer Natur, um ein Geschenk, dessen Quintessenz aus der universellen Quelle geschöpft wird.

Ein respektvoller, stiller Kuss in der Erhabenheit völliger Liebe bringt vor allem eine Bewusstseinshaltung zum Ausdruck, die durchaus an das *Yab-Yum*-Ritual denken lässt, das in der stillen "Bewegung" der männlichen und weiblichen Energie bei vollkommener Regungslosigkeit der Körper stattfindet. Nichts bewegt sich, aber alles verwirklicht sich ...

Richten wir unseren inneren Blick nun auf die Stirn. Auch sie ist ein Bereich, in dem die Berührung ihre volle Bedeutung erfahren kann. Die eigene Stirn an die eines anderen Menschen oder eines Tieres zu legen ... Jeder wird zustimmen, dass das überhaupt nicht belanglos ist, auch ohne jeden spirituellen Bezug ...

Eine Stirn und eine andere, die sich suchen, und sich reglos in ungekünstelter Verbundenheit begegnen, lassen unweigerlich einen Augenblick der Gnade entstehen.

Dann begeben sich die Seelen in gegenseitige Kontemplation. "Wer bist du, und wer, sagst du, bin ich?" Immer ist es diese ewige Frage, die aufkommt, und immer schleicht sich in uns auch dieselbe Antwort darauf ein, sobald wir die Stille hören. “Du bist mein Spiegel, ein anderes Ich, das inständig flüstert: ‚Erkenne mich ...‘”

Demut und Segnung. Alles lädt dazu ein in dieser Geste, die auf unserer Erde immer seltener wird. Eine Stirn und eine andere, die einander berühren, erzählen eine Geschichte, die vielleicht noch inniger ist als die Geschichte eines Stücks geteilten Brotes.

Mit einem vertrauten Tier ist es natürlich recht einfach. Es gibt weder Barrieren, noch Widerstand, noch Urteil. Warum ist es mit einem Menschen nicht genauso? Weil es dazu mehr Wahrhaftigkeit braucht als einen Händedruck, auch wenn er aufrichtig ist. Eine Art Blöße. In Wahrheit wird auf diese Weise das Stirn-Chakra angesprochen. Es strahlt stark und spontan durch die Falten der einen Stirn und der anderen, die einander akzeptieren, um die bisher zurückgelegte Wegstrecke erahnen zu lassen.

Und was ist mit diesem allzu seltenen Impuls, der uns veranlassen kann, die Stirn an einen Baumstamm zu lehnen oder auf den Erdboden einer Gegend zu legen, die schon immer unser Herz berührt hat?

Eine Flut von Bildern und Gefühlen kann dann in uns aufkommen, eine wahre Grundlage für echte kontemplative Meditation ... Ein bisschen wie Puzzleteile, bei denen wir nicht wissen, wie wir sie anordnen sollen, die wir aber “einfach so” annehmen, weil wir ahnen, dass sie wie Sternenstaub sind, der eines Tages unser inneres Gold aus seinem Schlaf wecken wird.

Wir sind zersplitterte Wesen, die sich im Laufe der Zeitalter zerteilt und zerstreut haben und das unsagbare Bedürfnis verspüren, Körper und Seele zu regenerieren, um zur ultimativen Ekstase vor ihrem Geist zu finden.

3

Die Würdigung der Füße

Und wie ist es um unsere Füße bestellt? Das hängt davon ab, wie sie berührt werden oder auch selbst berühren und Kontakt mit der Dichte der Wirklichkeit herstellen.

Eines lässt sich nicht abstreiten: Bei näherer Betrachtung stellen wir fest, dass sie auf zwei widersprüchliche Arten gesehen werden. Das liegt an dem Trauerspiel der Dualität, das wir bis zum heutigen Tag pausenlos aufführen.

Entweder sehen wir sie als einen der bescheidensten Teile unseres Körpers, der schnell schmutzig wird und widerspiegelt, was in uns vernachlässigbar ist, oder wir machen sie zum Testbereich der Schönheit der Inkarnation, der erhabenen "Erdung" des Geistes, der sich in ein Kleid aus Fleisch hüllt, um das gesamte Wesen zu erlösen.

Um diese beiden Aspekte der Füße und ihrer Sohlen miteinander zu versöhnen, gibt es im Judentum ein uraltes Ritual. Es trägt den griechischen Namen *Podonipsie* und besteht in einer Fußwaschung, die etwa sechs Monate vor einer Hochzeit praktiziert wurde, um diese anzukündigen.

Zwar wurde diese Zeremonie dann vom Christentum in einem breiteren Zusammenhang übernommen, aber ihre überaus heilige Seite und die Berührung, durch die sie sich auszeichnet, bringen die Würdigung des Empfängers zum Ausdruck, den man auf diese Weise von einer schweren oder leidvollen Bürde reinigt. Es geht also darum, von Herzen Hilfe zu leisten, um den Weg des anderen zu erleichtern und ihm eine Möglichkeit anzubieten, seine Beziehung zum Leben zu verwandeln und sozusagen "zurückzusetzen".[33]

All das unterstreicht die große Bedeutung der Füße, denn sie sind ein Körperteil, der in seinem natürlichen Zustand am häufigsten von Staub bedeckt ist und sich manchmal den Weg durch Unrat bahnen muss; sie *können* und *sollen* also die Rolle eines Bewusstseinsverstärkers spielen. Denn auch hier gilt: Wenn das Oben das Unten anspricht, gilt das genauso auch umgekehrt.

Aber die Bedeutung und Wichtigkeit der bewussten Berührung der Füße ist gewiss nicht nur darauf beschränkt. So wie die Finger der Hand in besonderen Beziehungen zu bestimmten Körperbereichen stehen, ist auch jeder Zeh mit einer bestimmten körperlichen Funktion oder Fähigkeit verbunden.

So steht der große Zeh mit der Bestätigung der Persönlichkeit eines Wesens in Verbindung, der zweite Zeh steht im Zusammenhang mit dem Verdauungssystem und der dritte mit dem kreativen Potenzial. Der vierte wiederum weist auf die Leberfunktion, während der fünfte in Beziehung zum Ahnengedächtnis, zu unseren Ängsten und damit auch

---

[33] *Daher auch das Symbol der "Vergebung der Sünden" (laut Kirche), verewigt durch die berühmte Geste Christi gegenüber seinen Jüngern.*

zur Flüssigkeitsausscheidung steht. Das ist natürlich nur eine stark gekürzte Zusammenfassung des Wissens in diesem weiten Forschungsfeld.

Parallel dazu ist hier natürlich auch nicht die buddhistische Tradition außer Acht zu lassen, denn sie ist voller Darstellungen der Fußsohlen des Buddha Gautama, meistens mit zahlreichen Symbolen von viereckigen Rädern über Geflechte bis hin zu Blüten.

Im Hinduismus wiederum stellen wir fest, dass die Füße eines göttlichen Gesandten als Begegnungsstätte von Himmel und Erde extrem verehrt werden. Noch heute erhalten spirituelle Führer Fußwaschungen, und ihre Füße werden mit Blüten verziert. Ihre Fußsohlen sind besonders heilig, da sie die ständige Vermählung von Himmel und Erde zelebrieren und so die göttliche Aussaat in dieser Welt zum Ausdruck bringen.

Bei dieser kurzen, unvollständigen Erläuterung der Rolle bestimmter Fußbereiche könnte der Eindruck entstehen, dass ich vom Thema Berührung jetzt zur Fußreflexzonenmassage und zu anderen damit verbundenen Bereichen übergehen möchte. Aber dem ist nicht so.

Wie bei den Händen und auch jedem anderen Körperbereich bleibe ich bei der Kontemplation, da sie dem natürlichen Gebet des Erstaunens entspricht. Die Kontemplation, von der ich spreche, ist eine Brückenbauerin zwischen dem Kosmos des menschlichen Körpers und dem Universum.

Man kann es nicht oft genug sagen: Die Sinnlichkeit, die entsteht, wenn wir einen Fuß in die Hände zu nehmen wissen, kann leicht zu einer Zärtlichkeit führen, die wie ein spontanes Gebet ist. Dafür braucht es keine therapeutischen Massagen, also auch keine besonderen Kenntnisse, natürlich bis auf bestimmte Krankheitsbilder, die auf eine bestimmte Weise behandelt werden müssen. In unserem Fall ist es wieder einmal die Bewegungslosigkeit oder fast vollständige Bewegungslosigkeit, in der alles erreicht werden kann. Es genügt, dass eine Hand die Fußsohle hält und sich um die Ferse schmiegt, während die andere Hand auf dem Rist liegt, um einen inneren Raum zu betreten, in den die Liebe Einzug hält, um sogleich geteilt zu werden.

Glauben Sie nicht, dass es unsere Vorstellungskraft ist, die uns den Zugang zu diesem Raum eröffnet. Aus allen schon genannten und noch vielen weiteren Gründen ist der Fuß ein "offenes Buch" für denjenigen, der das Herz hat, sein Alphabet zu entziffern. Es lässt sich frei durchblättern zwischen den Empfindungen und Gewissheiten, die es unweigerlich hervorruft. Es gibt keine wissensbasierte Analyse, kein Urteil ... nur Akzeptanz ... Noch nicht einmal einen "Wunsch" nach Mitgefühl, da es von ganz allein entsteht.

Indem wir so den Fuß des "anderen" berühren, berühren wir auch sofort sein Herz, und indem wir unseres weiten, schenken wir es ihm. *Anahata* ist von Beginn an Schöpfer einer beiderseitigen Offenbarung.

Erinnern wir uns: Mehrmals wurde in diesem Buch schon die Rolle von Merkur als göttlicher Bote oder Botschafter des Heiligen angesprochen. Aber der Merkur der Römer – der in der griechischen Kultur den Namen Hermes trug – hatte eine Besonderheit: Er hatte geflügelte Fersen, um besser zwischen Oben und Unten und umgekehrt reisen zu können. Eine schöne Gelegenheit, darauf hinzuweisen, dass eine raue Ferse vielleicht besondere Aufmerksamkeit von Ihnen gebrauchen könnte, wenn Sie die beschriebene Berührung des Fußes praktizieren ...

Sie ist unser Stützpunkt, und wenn sie weniger "zart" ist als unser Fußgewölbe, liegt das vielleicht einfach daran, dass es ihr unter dem manchmal schmerzhaften Gewicht unseres Lebens des Öfteren an Liebe gemangelt hat. Lieben wir sie also für das, was sie ist, und sorgen wir dafür, dass "unsere" genauso wie "die" der Wesen auf unserem Weg nicht irgendwann der Schwachstelle eines gewissen *Achilles* ähneln ...

Kapitel VIII

DER GESANG DER STILLE

Vielleicht erinnern Sie sich noch an die Worte, mit denen ich das erste Kapitel dieses Buches begonnen habe. Es war das berühmte Zitat von Molière, in dem sich jemand fragt, ob Kinder vielleicht durch das Ohr auf die Welt kommen. Eine zweifellos sinnentleerte Frage, die mich aber erstaunlicherweise dazu inspiriert hat, ein wenig mit den Worten zu spielen, um sie anders sprechen zu lassen ...

Zwar werden wir ganz sicher nicht durch das Ohr geboren, durchaus möglich wäre aber, dass wir in erster Linie durch den Gehörsinn inkarnieren.

Unbestritten ist wohl heute, dass das innere Ohr eines Fötus sich als Erster der fünf Sinne entwickelt. Das Neugeborene kommt zwar mit geschlossenen Augen zur Welt, es kann auch erst mit der Zeit klarer sehen, und sein Geruchssinn erkennt seine Mutter nach ein paar Tagen, aber sein Gehörsinn war schon in der Lage, Töne wahrzunehmen, als es noch ein Fötus im fünften Schwangerschaftsmonat war.

Das sagt viel darüber aus, wie extrem wichtig die Qualität der Geräuschkulisse ist, die im Umfeld einer Schwangeren logischerweise überwiegen sollte. Im Übrigen herrscht Konsens darüber, dass viele Belastungen und Störungen, die einen Menschen manchmal sein ganzes Leben lang begleiten, schon da ihren Anfang genommen haben.

Der Ton und sein Sensor, der Gehörsinn, führen uns fraglos zum Ursprung allen Lebens zurück, hin zu dem, was die Traditionen das schöpferische Wort nennen, diese erste Schwingung, die mit dem Atem der Quelle zusammenfließt.

Dieses Wort, vergessen wir das nicht, wird im Griechischen *Logos* genannt - das Wort, die Weisheit und die Intelligenz in ihrem reinsten Zustand. In den aramäischen Texten der hebräischen Bibel ist vom Licht unter den Lichtern die Rede. Es verwundert daher nicht, dass auch einige Passagen im Koran den Gehörsinn als Ersten aller Offenbarer des Göttlichen bezeichnen.

Wenn wir also sagen: "Ich bin ganz Ohr", bezieht sich das vielleicht tief in unserem Inneren auf etwas anderes als auf einfache Schallwellen, die unsere Umgebungsluft auf bestimmten Frequenzen schwingen lassen ...

Untrennbar miteinander verbunden, bezeugen der Ton und der Gehörsinn das Leben, genauso wie es auch *Shiva* und *Parvathi* - ihre *Shakti* - in ihrem gegenseitigen Austausch und in ihren Fortsetzungen tun[34]. Deshalb werde ich mich hier bemühen, ihre Heiligkeit aufzuzeigen, die wir im Alltag so oft vernachlässigen oder vergessen. Es gibt eine grundle-

[34] *Interessant ist, dass der Elefantengott Ganesha, Sohn von Shiva und Parvathi, traditionell "Gott mit den großen Ohren" genannt wird.*

gende Wahrheit hinter der prinzipiellen Einheit jedes abgegebenen und erfassten Tons. So ist unser Ohr untrennbar mit unserem Hals-Chakra *Vishudda* verbunden.

"Vishudda"

1

Von der Milchstimme zur Sphärenmusik

Wenn die Essener vor zweitausend Jahren für ihre *Milchstimme* bekannt waren, dann nicht nur wegen der Weichheit des Aramäischen. Es lag auch an ihrer besonderen Verbundenheit mit der himmlischen Präsenz, die den Namen *Elohim* trug und von der sie sagten, sie sei aus der *Milchstraße*, unserer Galaxie, hervorgegangen.

Das bedeutet, dass die Essener bestimmte Geheimnisse im Hinblick auf den Ton und seine Wirkung auf das menschliche Wesen, aber auch auf das Reich der Tiere, Pflanzen und sogar Mineralien kannten. Es sind "Dinge", mit denen wir uns heute lieber nicht zu sehr befassen oder die wir lieber vergessen mit dem Argument, die Freiheit im Klangerlebnis werde doch immer größer ...

Wer macht sich die Mühe herauszufinden, ob eine bestimmte "Musik" oder ein bestimmtes "Klangarrangement" strukturierend oder destrukturierend wirkt? Wenn wir Dissonanzen und Brüche in unseren Kopfhörern generell als Form von Freiheit ansehen, bauen wir unbewusst unser eigenes Gefängnis. Wir wirken so an einer Destrukturierung, einer Zersplitterung unseres Bewusstseins und unserer Zellen mit.

Dagegen kann man natürlich sagen, dass Dissonanz doch vollkommen relativ, subjektiv und damit "Geschmackssache" ist. Bis zu einem gewissen Grad sicherlich, aber ob man dem zustimmt oder nicht, es gibt eine natürliche Harmonie auf allen Ebenen der Schöpfung, eine mathematische, architektonische und unendlich konstruktive Harmonie, die weit über unser Verständnis hinausgeht. Wir können dagegen rebellieren, um "eingefahrene Strukturen aufzubrechen", wie es gelegentlich heißt. Das stimmt, und es ist wohl auch manchmal nötig, um "eine neue Geschichte" unterm Himmel zu schreiben. Aber was ist Schreiben, wenn wir glauben, über den Grundsätzen des Schreibens, über dem Verfasser zu stehen?

Die Liebe im Ursprungszustand bringt die Zellen niemals zum Heulen, sondern zum Frohlocken ...

Das führt mich unweigerlich zur *Sphärenmusik*, eine faszinierende Theorie, die von den pythagoräischen Philosophen verbreitet und erforscht wurde.

Sie geht von dem Prinzip aus, dass die Abstände zwischen den Planeten und generell den Himmelskörpern vergleichbar mit musikalischen Intervallen sind und dass jede Himmelssphäre daher einen Ton aussendet, der im Zusammenschluss mit den anderen eine permanente Musik erzeugt, in der der Kosmos badet.[35]

Es ist eine in ihren Entwicklungen sehr komplexe Theorie, über die sich lange diskutieren lässt, die sich aber für einen

---

[35] *Erinnern wir uns daran, dass das Wort "Musik" auf die Musen zurückgeht. Sie waren Halbgötter, die den Gott Apollon, Meister der Künste, des Gesangs und des Lichts, bei seinem unaufhörlichen Sonnenlauf rund um die Welt begleiteten.*

kontemplativen, mystischen Geist in initiatorisches Wissen wandeln kann. Etwas später werde ich darauf noch einmal zurückkommen.

Für den Moment lassen wir die Natur uns in Staunen versetzen ... Viele von uns haben schon das Experiment gemacht, ein paar Handvoll Körner auf eine Metallplatte zu streuen und diese Platte dann vibrieren zu lassen, als wäre sie ein Gong. Fast sofort sieht man, wie durch die Vibrationen des Metalls unzählige, außergewöhnlich harmonische geometrische Muster unter den Körnern entstehen.

Dieser Anblick macht jede Abhandlung über die Kohärenz der Schönheit überflüssig, die eine Schallwelle ganz natürlich hervorrufen kann. Nicht wir als modisch konditionierte Menschen haben in diese Harmonie eingegriffen, sondern die innere Struktur der Materie selbst hat sie entworfen.

Vor dieser heiligen Weihe kann man nur noch verstummen und den Verstand ausschalten, um endlich zu versuchen zu verstehen.

Wann werden wir erkennen können, dass zwischen Hören und Verstehen oder Blicken und Sehen dieselbe Kluft zu überwinden ist wie zwischen Wissen und Kennen?

Wenn wir also den Gehörsinn und folglich auch die Natur des Tons innerlich erforschen und erkennen, dass Er der erste Träger jeder Schöpfung ist, lässt uns das ziemlich rasch wieder gen Osten blicken. Auch da faszinieren das Alter und die unglaubliche Tiefe der Kenntnisse, die diese Länder, oft der Himalaya, der Menschheit hinterlassen haben. Dabei spreche ich nicht vom Hinduismus oder Brahmanismus, sondern von “dem”, das ihnen vorausgegangen ist: dem *Vedismus*.

Es heißt, dass die Weisen, die ihn offenbarten - die *Rishis* -, seine Essenz in Form einer Offenbarung durch direktes Hören der *Shruti*[36] erfassten. Was ist die *Shruti*? Sie ist der Gesang des Kosmos, die Sinfonie der Himmelskörper, woraus alle universellen Lehren hervorgehen.

Welchen Unterschied gibt es da zu der Sphärenmusik der Pythagoräer? Offen gesagt glaube ich nicht, dass es einen gibt, außer vielleicht, wenn man Haarspalterei über dieses oder jenes Detail betreiben möchte wie ein Gelehrter, der ständig "Ja, aber" sagt ...

Die *Shruti* ist Überträger des Wissens im Reinzustand, wie es vom Ohr offenbart wurde. Kann man sich ein schöneres Gefühl vorstellen als eines, das bewirkt, dass ein derartiger Sinn sich endlos weiter ausdehnt?

All das lässt uns ehrlicherweise von einem Seinszustand träumen, von dem wir noch sehr weit entfernt sind, da er das Privileg einiger rarer, sehr großer Mystiker ist. Außerdem beschließt man nicht, "Mystiker zu sein", um an einem Ideal festzuhalten, was noch dazu in unserer Zeit als verdächtig eingestuft wird. Entweder man ist es von Natur aus oder nicht, zumal es nicht der einfachste Seinszustand ist.

---

[36] *Shruti ist ein Begriff aus dem Sanskrit, der "Das seit dem Anbeginn Gehörte" bedeutet. Siehe "Jesus - Die unbekannten ersten dreißig Jahre", Band 1, Kapitel 21, vom selben Autor, Silberschnur Verlag.*

2

Wenn der Ton zu Lärm wird

Zum jetzigen Zeitpunkt geht es nicht darum, "von etwas zu träumen" oder "sich auf dem Weg nach ... zu sehen", sondern darum, zu gestalten. Das bedeutet vor allem, uns selbst zu gestalten oder eher neu zu gestalten, so nahe wie möglich an dem Plan, den unser Keimatom von uns in sich trägt.

Wie wir gesehen haben, kann jeder unserer Sinne enorm dazu beitragen, denn die einen wie die anderen befördern uns mit Leichtigkeit vom Grobstofflichen ins Feinstoffliche und wieder zurück. Auch wenn es um eine Sprosse auf der Leiter geht, die kaum erreichbar scheint, schauen wir hier zu ihr hinauf. Es ist die fünfte und tatsächlich die gegenwärtigste und flüchtigste Stufe zugleich ...

Sehen wir uns die Situation einmal an. Dank der heutigen Technologie ist unsere Welt so sehr von Tönen überflutet wie noch nie, mehr noch als von Bildern. Man kann die Leute schon gar nicht mehr zählen, die verbarrikadiert in ihrem eigenen Sound-Universum mit Kopfhörern durch die Straßen laufen ...

Es liegt mir fern, ihnen Vorwürfe zu machen oder mich an irgendeine soziologische oder psychologische Analyse zu wagen, auch wenn es Anlass dazu gibt. Unsere Gesellschaft ist ziemlich rücksichtlos geworden; man flüchtet vor ihr oder in sie, so gut man kann.

Ich möchte nur denjenigen, die sich fragen, was ihr Leben eigentlich ausmacht, Schlüssel an die Hand geben, um den wachsenden Abstand zwischen Hören und Verstehen zu verkleinern. Ich bin nämlich davon überzeugt, dass die akustische Verstopfung, unter der viele von uns unwissentlich leiden, ein großes Hindernis ist, um das Bedürfnis nach Befriedung zu erfüllen, nach der sich unser tiefes Wesen sehnt.

Leider ist der Begriff der Befriedung zu einer Worthülse geworden, denn nicht jeder sieht sie unbedingt "am selben Ort". Deshalb spreche ich hier lieber von Gesundheit, also einem therapeutischen Ansatz, denn es muss nicht mehr bewiesen werden, dass die Töne und ihre Natur sowie die Art und Weise, wie wir sie in uns aufnehmen, enorm das Gleichgewicht des Organismus beeinflussen.

Von einer Zivilisation zur anderen bis hinein in die jüngste Zeit, über alle Stile und Völker hinweg, hat die Musik immer die Aufgabe, die Seele zu reinigen und gesund zu erhalten, indem sie das physische und psychische Gleichgewicht des Wesens förderte. Sie trug zu einer natürlichen Harmonie bei, ganz im Gegensatz zu Lärm, der zu Unwohlsein führt.

Aber seit für immer mehr unserer Zeitgenossen die Seele nur noch ein vages Konzept ist, das in den Hintergrund gedrängt wird, und das Prinzip der Dekonstruktion oder Destrukturierung fast zur Mode oder zum Lebensmodell geworden ist, wo alles auf den Kopf gestellt werden muss, warum sollte man sich da noch für Harmonie interessieren?

Dann wird Lärm schnell zu einer Nahrung, die wir suchen, weil wir genau wissen, dass er ausblendet, was wir nicht hören wollen. Alles, was Entspannung vermittelt, wird zum Ärgernis, und Stille wird zu Gift.

Aber was wollen wir nicht hören? Das, von dem wir dunkel erahnen, dass es der Gesang des Wortes ist, der in der Stille unseres Bewusstseins dahinfließt und uns an unseren Ursprung erinnert ... selbst wenn wir nicht wissen, was dieses Wort ist!

Macht uns unser Ursprung also Angst? Ich glaube nicht, dass er es ist, der uns ängstigt, sondern unsere Irrwege, die gewundenen, tiefen Gräben, in denen wir uns verirrt haben, um unsere Freiheit auszutesten wie arrogante, provozierende Teenager.

Die Disharmonie, die Anarchie der Töne kündigt stets das Ende einer Gesellschaft, einer Welt an. Sie ist gewissermaßen eine Form von Selbstmord, bei dem alles zu sagen scheint, dass man vielleicht durch sein Nadelöhr muss, um alles "auf den Prüfstand zu stellen" und den Ausdruck des Lebendigen in einem anderen Notensystem fortzuschreiben.

Gibt es in dieser Situation ein Mittel zur Abhilfe, das uns einen erzwungenen Neustart ersparen würde? Ja, es gibt eines ... aber es kann nur individueller Art sein.

Wenn alle Chakren, *Ida* und *Pingala*, *Sushumna*, die Vielzahl der Nadis, die sensorischen und sinnlichen Fortsetzungen der feinstofflichen Architektur des Menschen gefordert sind bei dieser Anpassung oder Neuabstimmung mit dem Körper des Göttlichen, dann steht fest, dass der Ton und seine "Gemahlin", der Gehörsinn, einen wichtigen Platz darin einnehmen.

Auch da muss man nicht in der Kunst der Meditation bewandert sein, um von einer Medizin der Seele zu kosten, die uns die ursprüngliche Sinfonie, den Gesang der Stille, entdecken lässt. Hier ist sie ...

3

Der Weg des Nada-Yoga

Dieser Weg wird im Hinduismus und Buddhismus als Yoga in seiner ursprünglichen Bedeutung betrachtet, also als Methode, die auf das Einswerden abzielt. Somit ist sie eng mit der Disziplin des *Tantra* verbunden.

Die Arbeit, die dieser Weg mithilfe des Hals-Chakras vom Gehörsinn verlangt, ist so machtvoll, dass sie sich rasch und deutlich auf *Anahata* und die Schwingungsstruktur aller Körper auswirkt, die den Menschen ausmachen.

Wie man schon erahnen kann, ist der Weg des *Nada-Yoga* einfacher, wenn er in einem Kontext stattfindet, wo die Natur vorherrschend ist.

Aber auch ein städtisches Umfeld hindert uns nicht daran, uns ihm zuzuwenden und seinen Nutzen zu erfahren. Irgendwo lassen sich immer Vogelstimmen oder die Geräusche des Windes, gleichmäßig fallende Regentropfen oder Donnergrollen vernehmen ...

a) *Grundlage der Methode*

Beginnen wir, indem wir uns vorzugsweise allein in den Lotussitz oder Schneidersitz begeben, falls erforderlich mit dem Rücken an einen Baumstamm gelehnt oder auch an eine Wand, falls wir zu Hause bleiben müssen. Wir entspannen uns, atmen ein paarmal lange ein und aus und wählen dann einen der Töne aus, die gerade in unserem Umfeld zu hören sind ... das Rascheln des Windes in den Blättern der Bäume, das Plätschern eines Baches, die Brandung der Wellen an einem Strand, den Gesang der Vögel oder das Gurren einer Taube, falls wir in der Stadt sind ...

Ziel ist es, einen bestimmten Ton zu isolieren und uns sanft darauf zu konzentrieren, ihn von den anderen zu lösen und ihn in uns einzuladen, damit er "von sich erzählt" und uns etwas über sein Leben lehrt. Wenn ein Ton uns mit seiner Gegenwart erfüllt hat, hindert uns natürlich nichts daran, noch einen hereinzubitten und auch ihn sich ausdrücken zu lassen, bis wir intuitiv wahrnehmen, was er sagt, oder zumindest welches Gefühl er in uns auslösen kann.

Wir haben es bereits festgestellt: Alles spricht, alles erzählt von sich durch alle Stufen seiner Manifestation, weil alles dem großen Orchester des Lebendigen angehört.

Diese Übung kann sich auch als sehr lehrreich herausstellen, wenn wir uns beim Anhören eines musikalischen Werkes die Partition eines Instrumentes heraussuchen, das uns mehr als die anderen berührt, und ihr innerlich nachspüren. Was kann uns diese Violine, diese Trompete oder dieses Klavier erzählen? Welche Saite der Zither unseres Herzens wurde zum Schwingen gebracht?

Indem wir uns mit einem bestimmten Ton identifizieren, bezwecken wir, uns langsam auf die universelle schöpferische Präsenz einzustimmen, die durch jedes Element

ihrer Schöpfung empfindet, lebt und sich ausdehnt, so winzig es auch ist. Dann erwartet uns ein außergewöhnlicher Zustand des Mitgefühls und des Einsseins mit Allem, der vom Versprechen von *Advaita* kündet.
Im Grunde kann diese Übung, in der der Gehörsinn auf eine bestimmte Weise genutzt wird, mit der traditionellen Meditation verglichen werden, bei der eines von mehreren Objekten ausgewählt wird, es hinter geschlossenen Lidern visualisiert wird und wir dann allen seinen Eigenschaften nachspüren. In einem zweiten Schritt führen wir diese Eigenschaften dann hin zu ihrem Ideal, und in der dritten Phase gleichen wir uns dem Objekt unserer Meditation an, um nur noch Eins mit ihm zu sein.
All das führt uns zu dem Verständnis, dass jede Lebensform einzigartig ist und das göttliche Ohr deshalb besonders auf sie achtet, dass dieses Privileg sie aber zugleich ins Herz der Sphärenharmonie befördert, zu dessen Ausdehnung sie so beiträgt.

b) Der Gesang der Stille

Kommen wir nun zur zweiten Phase auf dem Weg des Nada. Wir können sie zwar auch praktizieren, ohne die vorherige Phase gemeistert oder zumindest regelmäßig geübt zu haben, aber dann wird sie in jedem Fall weniger "Früchte" tragen, als eigentlich möglich ist. Geduld, Disziplin und Willenskraft sind die drei Schwestern, die man hier wie auch in vielen anderen Bereichen nicht außer Acht lassen sollte.
Wir sind aufgefordert, von der initiatorischen Wahrnehmung eines äußeren Tons zum Hören unserer inneren

Töne zu gelangen. Beim Klang unseres Blutkreislaufs kann das sehr schwierig sein, aber anders ist es beim Klang der Luft durch unsere Atmung. Denn wir können den Durchfluss der eingeatmeten Luft kontrollieren oder auch den Weg, den wir sie durch unsere Nasenhöhlen nehmen lassen, je nachdem, wie die Wölbung unseres Gaumens ist und wir unseren Rachenraum kontrollieren. Ziel der Übung ist es aber nicht, die innere Klangwirkung dieser Kreisläufe "um des Erforschens willen zu erforschen". Vielmehr geht es darum, uns über die Schwingungen bewusst zu werden, die vom Hin und Her der Luft in unserem Organismus erzeugt werden, vor allem von der Wellenbewegung des Lebensatems in dieser Luft. Es ist eine sehr intime Bewusstwerdung, die schwierig zu beschreiben ist.

Es ist leicht nachvollziehbar, dass wir allein an einem ruhigen Ort sein müssen, um diese Art "Untersuchung" angemessen durchführen zu können. Auch etwas Dunkelheit kann helfen, denn mit Ausnahme unseres inneren Ohrs müssen alle Türen unseres Wesens geschlossen sein. Wir verschließen uns also allem, um uns in unserem innersten Heiligtum *Dem, das Ist* zu öffnen.

Nachdem alle diese Voraussetzungen erfüllt sind und wir uns mit einem harmonischen Licht umgeben haben, schenken wir "unserem Gehör Gehör", so seltsam dieser Ausdruck auch klingen mag ...

Am einfachsten ist es wohl, wenn wir erst einmal unsere Hände auf unsere Ohren legen, ohne irgendeinen Druck auszuüben, wie um eine Art natürlichen Kopfhörer zu formen. Dieser gibt sofort ein leichtes, gedämpftes Säuseln wieder, das an fernes Meeresrauschen erinnert, wie wir es vielleicht auch schon einmal gehört haben, als wir uns neugierig eine große, tiefe Muschel ans Ohr gehalten haben. Dabei handelt es sich um das gesamtheitliche Rauschen aller Energieformen, die ständig in unserem Körper zirkulieren. Sie werden von unserem Schädel aufgenommen und zusammengefasst. Aber es ist gar nicht dieses sanfte Säuseln, das uns an erster Stelle interessiert ...

Nun führen wir unsere Hände ein wenig von unseren Ohren weg und lassen unseren Gehörsinn den "Vorhang" dieses Meeresgeräusches beiseiteziehen, um ein wesentlich subtileres Lebenszeichen zu vernehmen: ein sehr hohes Pfeifen.

Dieses kann rasch den gesamten Raum einnehmen, falls wir keine Angst davor haben und ihm vertrauen. Ich sage wohlweislich "falls wir keine Angst davor haben", denn für manche kann es sich mitten in der geforderten Entspannung wie eine Invasion anfühlen, ja sogar wie ein Sog, der das Wesen in unbekannte, unangenehme Tiefen zieht.

Tatsächlich handelt es sich dabei um den *Gesang des Pranas* in uns, das sich hier zum Ausdruck bringt. Die Intensität seines Pfeifens, das man vielleicht unbeholfen als "elektrisch" bezeichnen könnte, verweist darauf, wie schnell es sich auf den zahlreichen Wirklichkeitsebenen unseres Organismus fortbewegt.

Genau in diesem Moment dürfen wir uns aber nicht damit begnügen, einfach "Hörer eines akustischen Phänomens" zu sein, sondern wir sind privilegierter Teilnehmer am großen Spiel des Lebens durch uns. Wie können wir das umsetzen? Indem wir uns vorbehaltlos ins Zentrum unseres Gehörs begeben und uns vom liebevollen Gefühl

des Heiligen und der absoluten Liebe der Quelle überwältigen lassen ...
Sind wir zu einer solchen Liebe überhaupt fähig? Laden wir sie ein ... Sie zeigt sich in Demut und Dankbarkeit. Früher oder später bietet Sie sich an ...
Im pranischen Pfeifen erscheint dann schließlich, was ich einen Ultra-Ton nenne, da ich keinen passenderen Ausdruck dafür finde. Dieser Ultra-Ton nimmt den gesamten Raum ein, bis er die Maske unserer inkarnierten Persönlichkeit absorbiert, und ist nichts anderes als *"der Gesang der Stille"*.
Aber was genau ist dieser "mythische" *Gesang der Stille*? Er ist die wellenförmige Schwingung der göttlichen Strömung entlang unseres *Sushumna*-Kanals, der versucht, sich zu weiten, um ein Signal an das Brautgemach unseres Wesens zu senden.
Er kündet von einer möglichen Morgendämmerung. Jenseits unserer Seele übermittelt uns unser Geist sein Begehren und ruft uns ...

Ganesha mit den großen Ohren

3. Teil

SPIRITUALITÄT

Kapitel IX

VOM BUCHSTABEN ZUM GEIST

Durch dieses ganze Werk der Versöhnung hindurch habe ich immer wieder die "Quelle" erwähnt, das Göttliche, ja sogar das Unerkennbare. Ich habe diese Ausdrücke verwendet, um mich nicht ständig auf den traditionellen Gottesbegriff beziehen zu müssen und in die Falle all dessen zu tappen, was man in diesen Begriff hineindeuten kann.

Wir können kaum einem spirituellen Weg folgen, ohne früher oder später diesem Namen zu begegnen. Um ihn bestmöglich zu umgehen, lassen wir uns Umschreibungen und Analogien einfallen, aber die Tatsache bleibt, dass das Wort "Gott" da ist und dringend aus seinem verschwommenen Nebel herausgeholt werden muss.

Was verbirgt sich hinter dem Namen Gottes? Eine Super-Entität "jenseits alles Vorstellbaren", die angebetet werden will, mit menschlichen Reaktionen ausgestattet ist und unbedingt einer dualistischen Moral folgt?

Für unseren im Wesentlichen jüdisch-christlichen Westen ist das tatsächlich oft genau so ...

Kurz gesagt wäre da also "Jemand im Himmel", der Gut und Böse unterscheidet und entsprechend belohnt oder bestraft. Und das ist beileibe keine Karikatur! Jedenfalls nicht für Normalsterbliche, die gern an Seine Existenz glauben möchten, ohne sich allzu viele Fragen zu stellen.

Als er die gemalte Darstellung Gottes, des Schöpfers, an der Decke der Sixtinischen Kapelle erblickte, soll Papst Julius II. Michelangelo sinngemäß gefragt haben: "So seht Ihr also Gott?" Was Michelangelo bejahte ... ohne die geringste Kritik anzunehmen, wie er es immer tat.

Einst der Elite der vatikanischen Gesellschaft und einigen Privilegierten vorbehalten, hat dieses Meisterwerk der Italienischen Renaissance, das inzwischen jeder kennt, sicherlich mit dazu beigetragen, großes Durcheinander im Bewusstsein vieler anzurichten. Denn es stellt "Gott" als bärtigen Greis dar, der in den Wolken sitzt, macht aus Ihm also "jemanden" mit menschlichem Antlitz und Körper, noch dazu zwangläufig einen Mann ... Eine wahre Programmierung des kollektiven Unbewussten eines großen Teils der Welt, denn die christliche Religion mit den Katholiken an der Spitze macht etwa 31 % der Weltbevölkerung aus, über zweieinhalb Milliarden Menschen im Jahr 2021. Was für eine geistige Formatierung und Blockierung, selbst wenn man nicht glaubt, von ihr beeinflusst zu sein!

Gott? Existiert Er denn überhaupt? Mir ist bewusst, dass ich mit dieser etwas brüsken Frage schockieren kann. Was Sein Prinzip betrifft, sage ich Ja ... Aber was das Erscheinungsbild betrifft, das wir Ihm im Westen geben, mit dem wir Ihn in unserer kollektiven Fantasie zurechtstutzen, sage ich natürlich Nein. Wir sind kaum mehr als eine Art Pantoffeltierchen, die wild mit ihren Flimmerhärchen herumgestikulieren, darauf bestehen, das Unendliche zu definieren, und es dann arrogant an sich reißen, um ihre Bedürfnisse und Machtansprüche zu befriedigen ...

Zumindest waren das Judentum und der Islam so weise, nicht der Auffassung zu sein, der Mensch könne sich an die Darstellung Gottes wagen. Das haben sie gemeinsam. Daraus einen Akt der Gottlosigkeit zu machen, der Bestrafung verdient, ist wieder eine andere Sache ... Sprechen wir doch statt von Gottlosigkeit lieber einfach und mitfühlend von Unwissenheit und Unkenntnis.

Einen anderen Ansatz haben der Hinduismus und Buddhismus. Ohne ins Detail gehen zu wollen, sind sie weit davon entfernt, sich das göttliche Abbild als absolutes, individualisiertes Wesen im Unendlichen vorzustellen. Aber sie verehren Aspekte und Emanationen davon in den unterschiedlichsten - mitunter verwirrenden - Formen als Gottheiten oder Götter, deren Attribute, Taten und Gesten als Meditationsstützen dienen.

Natürlich dürfen neben diesen wenigen Beispielen nicht die vielen anderen Traditionen unerwähnt bleiben, etwa den *Parsismus*, *Mazdaismus*, *Sikhismus*, *Jainismus*, *Konfuzianismus* oder auch den *Taoismus* und *Schintoismus*, obwohl Letztere sich eher als Philosophien mit verschiedensten Ursprüngen präsentieren. Und dann wären da auch noch die unzähligen großen Strömungen zu nennen, die aus dem Christentum, Hinduismus, Buddhismus und Islam hervorgegangen sind. Aber dann würden wir niemals zu einem Ende kommen.

Einige Forscher gehen so weit zu sagen, dass die Menschheit, seit unsere gemeinsame Geschichte "in der Zeit gemessen wird", etwa zweitausend Religionen oder religiöse Strömungen hervorgebracht hat. Natürlich darf man von dieser Feststellung nicht die animistischen Traditionen ausnehmen, die meist unter dem Oberbegriff *Schamanismus* gruppiert werden. Obwohl sie keine Religion an sich sind, gibt es sie auf allen Kontinenten, und sie sind durchaus von Interesse, denn sie isolieren den Menschen nicht von den Kräften des Universums, das ihn seit Anbeginn der Zeit umgibt.

Aber gehen wir ein paar Zeilen zurück, wo ich darauf hingewiesen habe, dass die Menschheit "etwa zweitausend Religionen hervorgebracht hat".

Das Wort "hervorgebracht" ist hier wichtig, denn für mich ist klar, dass einem so farbenfrohen Mosaik kein bestimmter Gott zugrunde liegen kann. Es ist der Mensch in seinen Gemeinschaften überall auf der Welt, der im Laufe der Zeit dieses Puzzle zusammengestellt hat, in dem sich einige Elemente laufend widersprechen, was des Öfteren zu Auseinandersetzungen führt ... Immer intakt aber bleibt dabei das Mysterium Gottes, des Göttlichen, der Quelle!

Welchen Einfluss auch immer die großen Gesandten hatten, die im Laufe der Jahrtausende versucht haben, uns zu unterweisen und wachsen zu lassen – sie konnten lediglich Übersetzer des Lichtes sein für Völker, die unfähig waren zu sehen, statt nur umherzublicken, unfähig zu verstehen, statt nur zu hören ...

Darunter waren auch Völker, das sollten wir uns nicht scheuen zu sagen, die Brüstungen und Krücken brauchten und sich beeilten, das Licht abzuschwächen, indem sie Gesetze, Dogmen, Glaubensbekenntnisse, Pflichten und Verbote erfanden. Statt den Menschen "Flügel" zu verleihen, arbeitete man mit Kanonenkugeln, Unterwerfung und Ängsten!

Das wiederum führt uns zurück zum Kern unserer Überlegungen: Wir sollten vor allem selbst empfinden und leben, statt "ererbt oder angeboren" an etwas zu glauben, was andere an unserer Stelle "gedacht" haben und zahllose Diskrepanzen aufweist.

Wenn jeder meint, in seinem Glauben Recht zu haben, bedeutet das, dass jeder falsch liegt und nur ein Fenster von Tausenden öffnet, die alle den Blick auf die Pracht des unbeschreiblichen Unendlichen freigeben.

Natürlich schließt das nicht aus, ein Recht auf das Bedürfnis zu haben, in einer Tradition "Zuflucht zu suchen", die unserem Empfinden entspricht. Aber es erfordert gleichzeitig, die Weisheit zu haben, zu versuchen zu verstehen, was die anderen sagen. Ich spreche hier nicht von "Toleranz", da "tolerieren" unterschwellig bedeutet, sich "über" etwas zu fühlen. Ich spreche von Offenheit und Kenntnisgewinn. Die Erfahrung beginnt mit dem starken Willen, alle Gesichter des Wissens dieser Welt zu verstehen. Es ist ein Wille, der friedvoll alle "Gottesbefehle" zerlegen muss, denen wir unzählige Leben lang gehorcht haben, systematisch freigesprochen durch "heilige Kriege".

Wir müssen also alle inneren Grenzen überwinden, um die Widerspiegelung der Göttlichkeit in uns wahrzunehmen, bis wir Sie mit unserer Seele küssen.

Ja, das Leben beginnt im Respekt und in der Zuwendung hin zu dieser natürlichen Dreifaltigkeit, auf die ich in diesem Buch hingewiesen habe und mit deren feinster Ausdrucksform, dem Geist, wir uns hier beschäftigen. Allerdings werde ich mich hüten zu versuchen, das Konzept des Geistes zu analysieren, da es genauso fragwürdig ist wie das Konzept der Seele oder das Konzept Gottes und man bei dem Versuch unvermeidlich in konfliktreiche, dürre theologische Debatten verfällt. Ich habe festgestellt, dass es kein besseres Rezept gibt als diese Art des wissenschaftlichen Sezierens, um das Werk des Geistes in uns, also die Essenz der Spiritualität und der absoluten Freiheit, die damit verbunden ist, zu vergessen.

1

Spiritualität und Religiosität, Glaube und Gläubigkeit

Dieses "Paar-Duett" verdient es, sich einmal etwas näher anzusehen. Beginnen wir mit dem ersten, dem allzu oft unglücklich verheirateten Paar aus Religiosität und Spiritualität. Schon mein ganzes Leben lang stelle ich leider immer wieder fest, welche Verwirrung praktisch überall rund um diese Konzepte herrscht. Sie stammen aus zwei unterschiedlichen Welten, die einander auch nicht unbedingt begegnen, wie man es vielleicht hoffen könnte.

Da die meisten von uns in ihrem Denken noch sehr in den Kinderschuhen stecken, sobald es um das Unsichtbare und Heilige geht, wird gemeinhin angenommen, dass man als Anhänger einer Religion zwangsläufig auch spirituelle Interessen hat. Genauso systematisch wird davon ausgegangen, dass man, wenn man sich der spirituellen Suche zugewandt hat, deswegen auf jeden Fall auch religiös interessiert ist. Aber nichts ist falscher, und der Grund dafür liegt auf der Hand!

Etymologisch wurzelt das Wort "Religion" im lateinischen Verb *religare*, was "verbinden" bedeutet. Aber verbinden womit? Anfangs war damit die Verbindung zu Gott gemeint, da Er üblicherweise als außerhalb Seiner Schöpfung und somit der Menschheit angesehen wurde. Bei genauerem Hinsehen müssen wir allerdings feststellen, dass sich die Natur dieser "Verbindung" schnell weiterentwickelte, denn die Religion entwickelte sich ziemlich schnell zum Kennzeichen sozialer Bande zwischen den Männern und Frauen einer Glaubensgemeinschaft, um eine schützende Macht, eine Stütze im Leben zu schaffen.

Aber welche Ausrichtung diese Bande auch immer haben, vertikal, horizontal oder beides, der Religionsbegriff geht hintergründig davon aus, dass das Individuum sich nach außen wendet. Diese Aussage kann irritieren, das ist mir bewusst, aber sie beruht auf einer Logik: Sobald der Schöpfer von den Menschen, die "zu Ihm hingehen", als getrennt von Seiner Schöpfung betrachtet wird, und sobald diese Menschen sich untereinander zu einer Art Clans verbinden[37], was unvermeidlich zu Auseinandersetzungen und Brüchen führt, entsteht eine "Zentrifugalbewegung", die dafür sorgt, dass die Menschen sich von dem entfernen, was ich den Kern des Lebendigen nenne.

Die unzähligen Schismen in allen Religionen sind ein Beweis dafür, und es zeigt, dass es sehr wohl "Spaltungen des Herzens" gibt. Nur allzu oft verdrängt der Buchstabe den Atem ...

---

[37] *Statt von "Clans" könnte man in einigen Fällen auch von echten politischen Parteien sprechen, wie es auch die Kreuzzüge gezeigt haben, Vorwände, um Begehrlichkeiten zu erfüllen, Religionskriege oder heute die verschiedenen Formen des Dschihad.*

Nicht verschweigen möchte ich aber auch, dass die meisten Religionen es großen Seelen ermöglicht haben, sich in der Welt zu manifestieren. Sie sind gewissermaßen zeitlose Standartenträger einer Liebe, die es zu bewahren und ständig neu zu beleben gilt, einer Liebe, die immer an einen bestimmten Kontext in einer bestimmten Epoche angepasst ist. Man darf sie nicht vergessen oder leugnen, wie auch nicht die großen Kunstwerke oder humanitären Errungenschaften, zu denen sie inspiriert haben.

Wenden wir uns nun einmal dem Wort "Spiritualität" zu. Zugegebenermaßen ist es ziemlich vage. Dennoch erhält es seine ganze Bedeutung allein dadurch, dass sein Ursprung, der Geist (Spiritus), alles mit seiner Essenz küsst, die mit der einen Quelle verbindet. Es konfrontiert mit einer Wirklichkeit kosmischer Ordnung.

Statt also von dem Wunsch zu sprechen, Bande zu knüpfen - was eine zu überwindende Distanz impliziert -, spricht das Konzept der Spiritualität vom Einswerden und verweist auf die Idee der "inneren Haltung" eines universellen Yogas, mit der das Wesen versucht, *über dem Gemenge* der Glaubensbekenntnisse zu stehen.

Wenn wir einem Pfad der Spiritualität folgen, das sage ich nochmals, entscheiden wir uns nicht für eine tolerante Haltung, sondern für einen Weg hin zum Ideal der Gemeinsamkeit, weil sich darin alle Diskurse begegnen, die das Lebendige durch den Filter des Menschen entstehen lässt.

Natürlich bedeutet das nicht, allen diesen Diskursen einfach blind zuzustimmen oder sie stillschweigend zu akzeptieren, sondern von dem Wunsch geleitet zu sein, sie zu verstehen und zu erfahren, was ihnen zugrunde liegt.

Aber einem Pfad der Spiritualität zu folgen heißt auch, die Liebkosung des Atems selbst zu erleben, anhand von Studien und Praktiken, die das ganze Wesen ansprechen. Es ist also ein ganzheitlicher Ansatz, um das Heilige des Lebens zu erforschen.

"Sightseeing" gibt es dabei nicht, wir sind nicht auf der Suche nach kleinen Rezepten, wie sie in gewissen Kreisen zuhauf zu finden sind, die sich zwar "spirituell" nennen, aber mit ihren selbst ernannten Pseudo-Meistern am Ende doch nur wie eine Art Clan funktionieren.

Das bringt mich zu unserem zweiten "Paar", das genauso selten harmonisch zusammenlebt wie das vorherige: Glaube und Gläubigkeit.

Wenn ich in den Rückspiegel meiner Erinnerungen schaue, denke ich manchmal an Abt Édouard, den Pfarrer meiner Kindheit, einen einfachen Mann, der sich an einfache Leute wie uns wandte. Besonders gut erinnere ich mich an jenen Tag, an dem er mich - Gott weiß warum! - nach dem Katechismusunterricht zur Seite nahm, den die meisten Kinder damals Ende der 1950er-Jahre besuchen mussten.

"Bist du im Glauben?", fragte er mich unvermittelt und legte mir dabei eine Hand auf die Schulter.

Sofort bejahte ich im Brustton der Überzeugung, da ich ja schließlich in den Katechismusunterricht ging, dort die "heilige Geschichte" lernte, jeden Abend meine Gebete sprach, in die Sonntagsmesse ging und nach der Beichte "zur Kommunion gehen" würde wie alle Kinder meines Alters, abgesehen von den Heiden, die zwangsläufig in die Hölle kommen würden.

Ich hätte nicht aufrichtiger sein können. Warum kann ich mich an diese eher banale Begebenheit erinnern? Das habe ich mich oft gefragt. Inzwischen bin ich zu dem Schluss gekommen, dass diese Frage über den Glauben unmerklich etwas "Geheimnisvolles und Luftiges" in mir ansprach, der ich noch nie einen Unterschied zwischen der gläubigen Befolgung der kirchlichen Gebote und dem Glauben an sich hatte ausmachen können.

Es ist ein Unterschied, dem der tapfere Abt Édouard wahrscheinlich nie selbst nachgegangen ist, weil er ihn nie vermutet hat. Zu glauben bedeutete, einen totalen, blinden Glauben zu pflegen, ohne sich gottlose Fragen zu stellen. Kurzum war es der Weg ins Paradies ... es sei denn, dass man diese Welt "im Zustand der Todsünde" verließ, was einem dummerweise alles vermasselt hätte.

Jetzt, nach vielen Jahren, wird all das zum Glück so schon lange nicht mehr akzeptiert, und ich habe ganz allein gelernt, mir Fragen zu dieser *kleinen Flamme* zu stellen, die beharrlich in uns brennt und uns einlädt, uns Fragen über die Natur des Geistes und über diesen Glauben zu stellen, der leise mit dem Finger darauf weist.

Wenn wir alles vereinfachen, scheint "Glaube" nicht großartig etwas anderes zu sein als "Gläubigkeit". Allerdings gibt es eine Feinheit im Glauben, dank der wir, wenn wir ihn leben, ihn also auf vielerlei Weisen erfahren, schließlich entdecken, dass "Gläubigkeit" ein bisschen wie ein "schweres Geschütz" ist, weil wir dabei nicht weiter "ins Detail" gehen und uns mit einem unkomplizierten Glaubensbekenntnis zufriedengeben.

Kann man Glauben lehren? Auf keinen Fall. Kann man Gläubigkeit lehren? Definitiv ja. Man nennt das Überreden auf der Grundlage nebulöser Texte, Missionieren, Konvertieren, ja sogar in einigen Fällen Gehirnwäsche, wie es in der Geschichte so oft geschehen ist und auch heute noch geschieht.

2

Die Furcht vor Autonomie

Alle diese Erkenntnisse und Einsichten bringen mich zu dem Schluss: An irgendeinem Punkt in seiner Entwicklung gelangt der Mensch unweigerlich an eine Wegkreuzung. Er muss eine Wahl treffen. Wird er sich für die Autonomie seines Denkens und Wachstums hin zum Geist entscheiden *oder nicht*?

Es ist eine Wahl, die ganz sanft in unserem Inneren stattfinden kann, weil sie aus einem langen Reifeprozess heraus entsteht. Und es ist auch eine Wahl, die sich als schwierig und sogar schmerzvoll erweisen kann, wenn aus der Dynamik der Versöhnung mit allen Schichten unserer Wirklichkeit, also aus der Ablehnung innerer Spaltung, Disharmonien oder gar Brüche mit dem Lebensumfeld entstehen.

Damit will ich sagen: Die Vereinfachung von allem, die Befriedung des Selbst, die Befreiung von den Fesseln der Glaubensbekenntnisse, all das zusammen kann uns in ein "Spannungsfeld" führen. Ich spiele hier auf die Gräben an, die sich dann fast unvermeidlich zwischen uns und den verschiedenen Aspekten unseres Lebensumfelds auftun, von Familie und Freunden über Liebespartner bis hin zu unserem konfessionellen Umfeld.

Die Gründe dafür sind leicht nachvollziehbar. Unsere inneren Beweggründe sind nicht mehr dieselben, unsere Sprache und unsere Ausstrahlung wandeln sich, was für unser Umfeld irritierend sein kann.

Im Laufe der letzten Jahrzehnte habe ich Schreiben von "einfachen Gläubigen" in dieser Richtung erhalten, auch von "Menschen der Kirche", vor allem von Ordensleuten, die sagten, nicht zu innerer Autonomie finden zu können, um sich in die Weiten ihres inneren Glaubens zu begeben. Mir ist auch ein Priester begegnet, der es gewagt hatte, "die Kutte abzulegen", und deshalb eine Wüstendurchquerung erlebte, weil er plötzlich ohne alles dastand.

"Was können Sie denn?", fragte man ihn unweigerlich auf der Arbeitssuche. "Welche Ausbildung haben Sie?" "Priester." Die Antwort machte sein Gegenüber sprachlos, weil er nirgendwo einzuordnen war.

Ob wir nun aber offiziell auf einem Weg der inneren Suche sind oder nicht, der Übergang von frommer Gläubigkeit zum autonomen Glauben erfordert in jedem Fall einen gewissen Mut, denn es wird zu vielen Brüchen kommen, ob sie ausgesprochen werden oder nicht.

Natürlich weiß ich, dass es schon immer sehr große Mystiker gegeben hat, authentische Erforscher des Geistes, die die Unterwerfung unter eine religiöse Strömung akzeptiert haben, aber ich denke, dass sie auf ihren inneren Reisen dieselbe Sprache sprachen wie Ihresgleichen aus ganz anderen Strömungen. Bleibt die Frage, warum sie einen ummauerten Garten wählten statt die gesamte Natur, um sich selbst zum Ausdruck zu bringen ... Aber das bleibt ihr Geheimnis.

Die Geschichte ihrer Seele vermischt sich oft mit der Geschichte einer Mission, die Epochen überbrückt. Eines der besten Beispiele hierfür hat uns zweifellos Franz von Assisi gegeben. Vieles über ihn bleibt im Übrigen nach wie vor rätselhaft, denn nachdem er in einem Traum aufgefordert worden war, "die Kirche wieder aufzubauen", errichtete er eine Kapelle wieder neu, die heute von der Kuppel einer romanischen Basilika überspannt wird ... Das Symbol ist selbsterklärend! Und sind die aus seinem Orden hervorgegangenen Minderbrüder nicht einige Jahrhunderte später nach Amerika aufgebrochen, um mehr oder weniger in Konkurrenz zu den Jesuiten die dortigen "animistischen Wilden" zu konvertieren?

Aber kommen wir zum Kern unseres Themas zurück, zur Spiritualität als Weg der Freiheit, Befreiung und befriedenden Integration aller scheinbaren Gegensätze.

Diesbezüglich kommt mir eine weitere Begebenheit in den Sinn, die wesentlich aktueller ist als die vorherige.

Vor einigen Jahren saß ich, wie es bei jedem manchmal vorkommt, halb liegend auf einem Zahnarztstuhl. Eine banale Situation, der man immer so schnell wie möglich wieder entkommen will. Die Zahnärztin war eine junge Frau in den Dreißigern und sah mich zum ersten Mal. Es wurden ein paar übliche Worte gewechselt, dann stellte sie mir Fragen, auf die ich mit geöffnetem Mund nur undeutlich antworten konnte. Und dann, ganz plötzlich, als ein kleines, spitzes Instrument endlich aufgehört hatte, zwischen meinen Zähnen umherzuwandern, fragte die junge Frau mich, "was ich denn so machte." Auf eine einfache Frage bekam sie eine genauso einfache Antwort.

"Ich schreibe Bücher", erwiderte ich. "Ich bin Schriftsteller."

"Oh, was schreiben Sie denn? Romane?"

Die Situation wurde kompliziert, wusste ich doch aus Erfahrung, dass ich nun unsicheres Terrain betrat. Welche Worte waren angebracht? Besonders viele gab es ja nicht ...

"Nein, keine Romane. Es sind ... spirituelle Bücher."

Es folgte ein kurzes Schweigen, eine Art vorübergehender Atemstillstand. Dann sah ich, wie die junge Zahnärztin mich über ihre Brille hinweg anblickte.

"Ach, das macht doch nichts", antwortete sie schließlich. "Jedes Interesse hat seine Berechtigung. Es muss ja schließlich für jeden etwas geben!"

Ihrem Tonfall nach schien sie von plötzlicher Empathie ergriffen in dem Versuch, mich zu trösten, mir meine Schuldgefühle zu nehmen, was die Schwäche, das Problem, ja sogar das Handicap oder den "Makel" betraf, den ich ihr gerade eingestanden hatte.

Was sollte ich darauf erwidern? Ehrlich gesagt bekam ich gar keine Gelegenheit mehr dazu. Schon hatte sie mir wieder den Mund geöffnet, damit ich sie ja nicht in eine für sie unangenehme Situation bringen konnte. Dann beeilte sie sich, ihre Zahnarzthelferin zu rufen, und unser Gespräch war an dieser Stelle beendet. Eine halbe Stunde später verließ ich die Praxis mit einem banalen, farblosen "Auf Wiedersehen".

Es wunderte mich nicht ... Alles entsprach genau den Normen unserer Gesellschaft und dem, was darin gang und gäbe ist. Sie können über alles reden, sogar über die "schmutzigsten" Themen, aber sobald Sie bestimmte Wörter aussprechen wie etwa das Wort Spiritualität, sorgen Sie automatisch für Unbehagen, sodass es schon fast unanständig wird. Dann müssen Sie schnell das Thema hin zu irgendetwas wechseln, das die Situation entschärft und vor allem nicht tabu ist ...

"Ach übrigens, wissen Sie vielleicht, wie das Wetter am Wochenende werden soll?"

Genau da stehen wir heute im Großen und Ganzen, und genau das ist auch der tiefe Grund für dieses Buch, das nichts anderes ist als ein Werk mit therapeutischem Zweck für eine breite Gesellschaft, in der die meisten sich in einer Situation der Verleugnung befinden angesichts einer schmerzvollen, stummen Leere, die sich in ihnen ausgebreitet hat.

Kapitel X

EINE GÖTTLICHE ERKUNDUNGSREISE

Und wenn jeder von uns, ohne es zu ahnen, eine wenn auch winzige Parzelle *Dessen* wäre, was "Gott" nach unserem Verständnis für uns ist? Eine Parzelle, die als Keim alle Elemente dieses "Alles" enthält ...?

Wäre das eine anmaßende Wahnvorstellung? Alles hängt davon ab, wie die Frage angegangen wird. Geschieht es, wie eine bestimmte nordamerikanische Denkrichtung der letzten Jahrzehnte es vorgemacht hat, kann man wohl tatsächlich von einem ziemlich aufgeblasenen Ego sprechen.

Ich muss sagen, dass ich mehrmals Zeuge solcher Entgleisungen war, als ich die steilen Thesen von Personen hörte, die sich in falscher Bescheidenheit darin gefielen, ganz selbstverständlich zu verkünden: "Ich bin Gott ..." Eine vollmundige, simple Behauptung ganz im Einklang mit dem "Hyper-Bewusstsein", das damals in der Galaxie des New Age neu in Mode kam.

Zum Glück gibt es auch noch eine andere Möglichkeit, unsere göttliche Essenz zu erforschen und zu bejahen. Unser Ego in seinen niederen Ausdrucksformen hat ganz sicher keinen Platz darin. Nicht unser Ego wird also diese Essenz zum Ausdruck bringen, indem es sie wie ein Banner vor sich her trägt, sondern der Teil unseres Selbst, dessen Augen sich öffnen werden, wenn er die Pforte der Weisheit und des Wissens berührt und sich selbst als untrennbar vom Göttlichen "erlebt".

In eine Symbiose mit Ihm einzutreten, danach zu streben, Seine Fortsetzung zu sein, und Es in jedem Augenblick zu manifestieren, das ist die Absicht der "Medizin der drei S". Mit ihrem Ansatz, der von einer integrativen Spiritualität getragen ist, versucht sie, die Bestimmung von Körper und Seele zusammenzuführen.

Eine offene Spiritualität wie diese, wie es im Übrigen jede authentische Spiritualität ist, ist kein Selbstzweck. Sie ist das Feuer, durch das die göttliche Quelle sich mit dem inkarnierten Wesen zu vereinen versucht. Sie ist auch der Kanal, durch den dieses Wesen veranlasst wird, sich langsam vom Wasser einer Taufe kosmischer Dimensionen benetzen zu lassen.

"Gott kennt jeden von uns!", hören wir oft aus dem Munde zahlreicher Prediger und Verkünder. *Was für eine Fehlformulierung!* Zunächst einmal, weil sie einmal mehr das Bild eines himmlischen Vaters irgendwo da draußen verfestigt, der seine Zeit damit verbringt, uns zu beobachten; zweitens, weil jeder von uns voll und ganz verantwortlich für seine Verständigung mit der Essenz von Allem ist ... die natürlich nicht männlicher als weiblicher ist; und drittens, weil jeder von uns dahin gelangen muss zu verstehen, dass er der Urheber seiner eigenen "Vergöttlichung" ist, indem er alle Stufen seines Wesens eine nach der anderen transzendiert.

Von dieser Wahrheit durchdrungen zu sein, bedeutet zu erkennen, dass wir wie Zellen sind, deren Aufgabe es ist, sich auf die Bewusstseinsebene des Organs zu begeben, aus dem sie hervorgehen, in dem Wissen, dass dieses Organ an der Funktion eines Systems mitwirkt und dieses System dazu bestimmt ist, sich in einen Organismus zu integrieren, der sich wiederum selbst in einem Körper entfaltet - ein Projekt also, das in ständiger Entwicklung begriffen ist.

Wir müssen verstehen, dass dieser Begriff der Verantwortung inmitten des *Un-Endlichen* - im ursprünglichen Sinne des Wortes, weil es immer Verbesserungsfähigkeit hin zum Unerkennbaren gibt - von wesentlicher Bedeutung ist.

Das steht natürlich allen religiösen Glaubensbekenntnissen entgegen, die das Bild Gottes oder des Göttlichen im Zustand der vollkommenen "Endlichkeit" und Perfektion erstarren lassen und den Menschen zur Verzweiflung bringen, weil sie ihn in eine Abhängigkeit, ja sogar in eine Versklavung führen, die einen ewigen Sünder aus ihm machen. Mit einer solchen Auffassung sind wir nicht weit von bestimmten Aussagen des Apostels Paulus entfernt, einem unbestreitbaren Architekten typisch "römischer" Logik. Damit sind wir meilenweit entfernt von der Reintegration des sich seiner selbst bewussten Wesens in eine allgegenwärtige, allumfassend liebende Quelle, die in ständiger Selbstentwicklung begriffen ist.

Das erinnert mich an den berühmten Satz von Louis-Claude de Saint-Martin: "Gott braucht die Menschen." Dieser Satz lehrt, dass die Quelle wie jede andere Quelle "IST", insoweit alle Atome, die ihr Wasser bilden, "SIND", da sie von Natur aus dazu bestimmt sind, zu Ihr hinaufzusteigen, deren Entstehen sie wahrnehmen, um schließlich "NEUGEBOREN ZU WERDEN" und Sie dabei gleichzeitig zu nähren.

Ich bin mir bewusst, dass diese Worte nicht so leicht zu entschlüsseln sind. Aber ein komplexer Lesestoff, wenn er maßvoll und absichtsvoll ist, kann sich manchmal als unerlässlich für den Reifeprozess des Lesers herausstellen ...

1

Vom Kosmischen zum Mikroskopischen und unendlich Kleinen

An dieser Stelle lade ich Sie nun auf eine "kleine" Reise in unsere innere Galaxie ein, von der wir uns nur schwer vorstellen können, dass wir ihre göttliche Quelle sein könnten. Denn wir können zwar problemlos von einer Quelle auf der kosmischen Ebene sprechen, aber anders verhält es sich, sobald wir uns dem zuwenden, das uns bis hin zur mikroskopischen Ebene ausmacht und dessen Quelle und große Zentralsonne wir fraglos sind.

Einfacher ausgedrückt bedeutet das, dass wir durch das Wirken und Strahlen unseres Geistes der "Gott" unseres gesamten manifestierten Wesens sind und als solcher die Aufgabe haben, das Suprabewusstsein in allem aufblühen zu lassen, woraus unser Organismus besteht.

Dieses Verständnis unseres Platzes und unserer Rolle im Herzen des Universums ist ein zentraler Bestandteil der Lehre des *Tantra*, wie wir sie im 2. Kapitel dieses Buches überflogen haben. Es geht darin um die "Vergöttlichung" nicht nur unserer Zellen, sondern vor allem, was diese bis hin zum unendlich Kleinen pulsieren lässt.

Das *Tantra* ist die Quintessenz eines vollkommenen Yogas, da es alle Dimensionen des Wesens miteinander verschmelzen will. Jede Zelle, die an seiner fleischlichen Wirklichkeit mitwirkt, wird darin selbst als vollständiges Wesen betrachtet, das es zu erwecken gilt und dessen Bewusstsein wir zur Autonomie anregen müssen.

Sie zu wecken bedeutet daher, sie zunächst einmal zu respektieren und auf den zwei Ebenen ihrer physischen Manifestation zu erhalten, auf der grobstofflichsten, greifbaren Ebene und auf der feinstofflichsten Ebene, ihrem ätherischen Doppelgänger.

Sie zu respektieren und zu erhalten bedeutet auch, sie von den Überresten ihrer Frustrationen auf der Suche nach Ausgewogenheit zu reinigen. Und schließlich auch, sie den Sinn des Gebetes des Herzens, also des Heiligen, zu lehren, indem wir einen ständigen "vergöttlichenden" Dialog mit ihr führen. Wir sprechen dann von *Philokalie*, also von allem, was wahr, schön und gut ist.

So kann und sollte jeder von uns sich an seinen Körper wenden wie ein "Mutter-Vater", der natürlicherweise alle seine Kinder unterstützt, damit sie gesund und weise aufwachsen und zu einer befreienden Unabhängigkeit gelangen.

Das ist die wahre Bedeutung der berühmten "Auferstehung des Fleisches" oder "Auferstehung der Toten", auf die sich die christliche Tradition bezieht. Es ist eine "Auferstehung", die als "Sublimierung", also Anhebung auf eine höhere Stufe der Erfüllung, zu verstehen ist.

Fleisch, das aufersteht, steigt in der Schwingungsordnung der Schöpfung empor, also im kosmischen Organismus, den unser Geist schließlich in den Körper des Göttlichen aufnehmen kann.

Was die "Toten, die auferstehen" betrifft (falls Sie diesen Ausdruck bevorzugen), so stellen sie die Gesamtheit unserer Zellen dar, die aus einer Art Koma erwachen ... Es ist eine andere Art und Weise, vom selben Aufstiegsprozess zu sprechen, zu dem wir eingeladen sind. Und auch eine Art und Weise, um den möglichen Aufstieg des Menschen hin zu dem Schwingungsuniversum zu skizzieren, das im Osten *Shambhalla* und im Westen manchmal *Shimbolom* genannt wird, das *himmlische Jerusalem*.[38]

So hat die Lehre des *Tantra* insgesamt eine einfache, klare Absicht: die vollständige Besonnung aller Aspekte und Funktionen unseres Körpers, unserer Sinne und der unterschiedlichen Blütephasen unserer Seele, die sich hin zu *dem* Bewusstsein der Bewusstseine ausdehnt.

[38] *Das Symbol oder auch der "Stein der Weisen", der Gral, das heißt der Kelch, der dazu bestimmt ist, die Quintessenz des Göttlichen aufzunehmen ... Der Stein von Chintamani, Norbu.*

2

Elemente einer Methode

Zwischen Absicht und Verwirklichung ist natürlich eine ganze Wegstrecke zurückzulegen, deren Länge oder Dauer nie in messbaren Einheiten berechenbar sein wird, da Raum und Zeit per se nichts bedeuten. Aber dennoch ist es eine Wegstrecke, die der persische Dichter und Mystiker Rumi so wunderbar als dieselben Wege beschrieb, auf die wir immer wieder zurückkehren.

Damit spielte er wunderbar auf das Rad der Reinkarnation an, aber es ist auch eine nostalgische Erinnerung an unsere verzweifelten Versuche, uns der Achse dieses Rades zu nähern, denn nur, wenn wir sie erreichen, setzen wir unserem einsamen Weg ein Ende.

Um von der Vision des ersonnenen Ideals zu seiner Eingliederung zu gelangen, hat das *kaschmirische Tantra*, dessen Lehre immer praktisch sein wollte, eine Methode zur Bewusstseinserweiterung erfunden, die in zwei einander ergänzenden Phasen verläuft.

Die neuesten Entdeckungen der Astrophysik können ihr eine noch faszinierendere Dimension als bisher geben, da unser "Lernfeld" nichts anderes sein wird als das Universum der Universen, wie wir uns ihm heute nähern können.

Tatsächlich wissen wir inzwischen, dass dieser unermessliche Raum mindestens 2000 Milliarden Galaxien zählt und unsere Galaxie allein sich aus etwa 250 Milliarden Sternen zusammensetzt, also Sonnen, die jede mehrere Planeten haben ...

Hier also nun die erste Phase der Methode, die wie auch die zweite vorzugsweise in der "Totenhaltung" oder "Entspannungshaltung" praktiziert wird[39].

a) 1. Phase

Als Erstes machen wir uns innerlich die "Tatsache" bewusst, dass wir der Schöpfer sind und dass wir, um diese Wahrheit zu verinnerlichen, in unseren Körper hinabsteigen werden, da wir uns durch ihn manifestieren. Auf diese Weise werden wir ihn besser kennenlernen, Funktion für Funktion, Organ für Organ ... Mit anderen Worten werden wir feststellen, dass wir uns aus unendlich vielen Galaxien und Sonnensystemen zusammensetzen, alle mit einer bestimmten Rolle, die von unserer Liebe erhellt wird.

Es nützt nichts, ihnen einen Namen zu geben, wenn wir ihnen innerlich nachspüren, es sei denn, dass sich einer von selbst ergibt. Wahrscheinlich weist er auf einen Mangel, einen Schmerz, ein Vergessen hin und ruft auf diese Weise nach mehr Liebe. Identifizieren wir diese Galaxie, diese Sonne oder diesen Planeten ... Steigen wir ins Herz dessen hinab, das sie sein lässt.

Sind wir gerade in diesem oder jenem Bereich unseres Halses, unserer Lunge, unseres Bauches, unseres Unterleibs, unserer Oberschenkel, unserer Knie oder unserer Fußsohlen?

---

39 *Siehe Seite 43*

Tauchen wir ein in die quicklebendigen Wesen, die ihre Zellen sind, jede mit ihrer Zentralsonne ...

Nicht unser Vorstellungsvermögen wird dabei gefragt und am Werk sein, sondern unsere absolute Hingabe an die Wahrheit dessen, das IST. Ja, dessen, das IST, weil wir fraglos EINS mit dem Schöpfer sind, jenseits all dessen, was unser Verstand ersinnen kann.

"Warum sollte ich suchen?", hat Rumi geschrieben. *"Ich bin dasselbe wie ER. Seine Essenz spricht durch mich ..."*

Wenn wir diese Übung durchführen, entsteht ein Gefühl von Fülle, ein Zustand der Verbundenheit mit dem Göttlichen, wodurch wir mehr und mehr zu Seiner Fortsetzung werden bis hinein in unsere Zellen, die immer mehr aufgerufen werden, sich zu "solarisieren". An dieser Stelle schließt sich die zweite Phase unserer Methode an.

b) 2. Phase

Um sich der Bedeutung besser bewusst zu werden, schlage ich vor, dass wir uns zuerst auf die Ebene der Zelle selbst begeben, da sie uns direkt ins Herz eines anderen, ungeahnten Kosmos führt ...

Oben haben wir gesehen, dass unser wahrnehmbares Universum mindestens 2000 Milliarden Galaxien hat, eine Zahl, bei der einem schwindelig werden kann ... die wir aber jetzt mit der Anzahl der Zellen vergleichen müssen, aus denen der menschliche Körper durchschnittlich besteht: einhunderttausend Milliarden. Und diese Milliarden lassen sich wiederum in unendliche viele, noch "kleinere" Einheiten aufteilen, von denen einige wahrscheinlich noch gar nicht identifiziert oder entdeckt worden sind.

Auf den ersten Blick ist es sehr einfach, eine menschliche Zelle darzustellen. Wir alle wissen, dass sie aus einer Membran, einem Zytoplasma und einem Kern besteht. Aber abgesehen von den Biologieexperten und Genetikern, die sich (größtenteils wahrscheinlich ziemlich ungerührt) damit beschäftigen, gibt es überhaupt viele, die sich Fragen zur Rolle und Zusammensetzung dieser drei Elemente stellen? Ich denke nicht.

Hier geht es sicherlich nicht darum, ins Labyrinth der Biologie und Genetik einzusteigen, sondern einfach darum, sich über die überwältigende Weite bewusst zu werden, die sich dem Blick bietet, sobald er vom Mikroskopischen zum unendlich Kleinen weitergeht ... Hier also drei erste bescheidene Beobachtungen:

Die Zellmembran hat die Rolle eines Übermittlers von Informationen und Nährstoffen oder Abfällen - sowohl ins Innere als auch zum Äußeren der Zelle. Ähnlich einer Plazenta ist sie also eine Art Merkur, ein Botschafter, der von oben nach unten und zurück reist.

Das Zytoplasma ist definiert als wässrige Lösung, in der sich unter anderem Proteine und Aminosäuren befinden. Es fällt schwer, darin nicht das Gegenstück zum Fruchtwasser zu sehen.

Der Zellkern wiederum enthält die Chromosomen und das genetische Gepäck des Wesens. Es ist unmöglich, ihn nicht mit dem fundamentalen Gedächtnis, dem Keim-Atom, zu vergleichen, dem Kondensat der göttlichen Präsenz in uns allen.

Vor diesem Hintergrund werden wir uns also nicht mehr auf die Ebene jedes Systems, Organs oder Teils unseres

Körpers begeben müssen, sondern auf die Ebene unserer Zellen und ihrer winzigsten Bestandteile, um dort unsere Liebe auszusäen.

Aber man ahnt es schon ... Da unsere Organe nicht alle gleich sind, sind auch unsere Zellen nicht alle identisch. Während zum Beispiel unsere Muskelzellen wie Stäbchen geformt sind, sehen unsere Gehirnzellen wie Sterne aus. Wer kommt da nicht ins Staunen?

So lässt die physische Relaisstation, die unser Gehirn in Bezug auf das Bewusstsein ist - das sich natürlich außerhalb davon befindet - auf ihre Weise an einen Sternenhimmel denken, den Meditierende manchmal im Inneren ihrer "Zelle" suchen ...[40]

Während wir wieder in der Entspannungshaltung liegen, steigt die Göttlichkeit, die unser Bewusstsein für unseren Körper darstellt, also in seine Zellen hinab oder eher in ihren Kosmos, immense Räume, die einander durchdringen bis hinein ins unendlich Kleine ... ins Unerkennbare.

Aber in welche Zellen genau? Vor allem und verständlicherweise in diejenigen in dem Bereich unseres Organismus, wohin wir intuitiv unsere Aufmerksamkeit gerichtet haben[41]. Müssen wir also versuchen, sie zu visualisieren, um zu ihnen zu gelangen? Nein ... Die Liebe, die wir ihnen schulden, erfordert einfach, dass unser Bewusstsein in einer Symbiose

---

[40] *Für Buddhisten ist das Gehirn nur eine Ar t Schnittstelle zwischen Geist und Universum, das uns durch die fünf Sinne offenbart wird. Man könnte es auch mit einem mehr oder weniger leistungsstarken Computer vergleichen, der von einem Bewusstsein außerhalb davon "gesteuert" wird.*

[41] *Siehe "Elemente einer Methode", Abschnitt a) in diesem Kapitel.*

mit ihnen ist wie Wasser, das zwischen die Sandkörner eines Strandes fließt in einer Vermählung, die zugleich die Sprache der *Shruti* und des *Darshan* spricht.

Es ist also gar nichts Kompliziertes an diesem inneren Abenteuer, dieser anderen Erkundung des Inneren des Lebendigen. Im Gegenteil wird alles klar, sobald wir akzeptieren, jedes Kontrollbedürfnis loszulassen, auch wenn uns dabei schwindelig wird, denn der Gesang der *Shruti* ist in unseren Galaxien unserer Zellen genauso gegenwärtig und am Werk wie in jenen, die am Firmament über unseren Köpfen funkeln.

Steigt dieser Gesang aus der Essenz unseres Körpers auf oder flößt unser Supra-Bewusstsein ihn ihm unaufhörlich ein? Die Frage stellt sich so nicht. Die *Shruti* ist *die* interstellare Botschafterin schlechthin. Sie gibt und empfängt, ohne dass wir versuchen müssten, mental irgendetwas daran zu entschlüsseln.

Das Wunder ist, dass praktisch dasselbe auch für *Darshan* gilt ... In diesem Zustand des Hyperbewusstseins und unendlichen Mitgefühls hat das Göttliche *in uns* zur Aufgabe, Seine gesamte Präsenz auf und in unseren Milliarden Zellgalaxien auszubreiten, während diese uns die Welle ihrer Dankbarkeit und Hoffnungen zurücksenden. Alles ist nur ein unermesslicher Austausch.

Im unendlich Kleinen wie im unendlich Großen ist alles Kosmos, ist alles Welt, ist alles Körper, Organ, Zelle, und alles lernt, sich zu erinnern, um zu Sein ... Zu Sein, um zur Autonomie zu gelangen, aber in harmonischer Interaktion mit ... Allem. Auch deshalb erneuert sich jedes "Ding" permanent und Unveränderlichkeit ist ein Trugbild.

Zu lernen zu Sein bedeutet, wie wir gesehen haben, den Sinn von Freiheit und Risiken zu erproben und sich anzusehen, welche Rolle der "Dissens" spielt.

Jeder weiß heute, dass Viren Zellen infizieren können, dass diese infizierten und daher leidenden Zellen gemeinhin "Wirtszellen" genannt werden ... und dass deren Zustand bewirkt, dass sie platzen, um weitere Zellen zu infizieren.

Für mehr Licht übertragen wir das auf alle Ebenen der Schöpfung, akzeptieren wir die Lehre darin und wachsen wir in Weisheit hin zu größerer Reife, was das Ausmaß der Liebe betrifft, die wir durch uns strömen lassen.

Sind wir bereit dafür, alles zu bewässern? Sind wir auch bereit dafür, dass Körper, Seele und Geist sich in einer höchsten Alchemie im Herzen des Brautgemachs vermählen?

Das Lebendige in uns verlangt von uns, den Körper des vollkommenen Yogi auferstehen zu lassen, auch wenn wir dafür so manchen Schlaf und viele sternenlose Nächte durchleben müssen ...

Kapitel XI

ZUM ABSCHLUSS FREUDE

In Indien und im Himalaya heißt es traditionell, dass der Menschheit die Lehre des *Tantra* von *Shiva* offenbart wurde, um sie auf ihrer Reise durch das Eiserne Zeitalter *Kali Yuga* anzuleiten, in dem wir uns seit abertausend Jahren befinden.

Müssen wir dieses Zeitalter als involutionär bezeichnen, wie viele meinen? In der Theorie ja, wenn wir uns rein an die Bewegungen des großen kosmischen Pendels halten. Aber in der Praxis nein, weil jede "hinabsteigende" Energie im Keim die Lehren einer Regeneration in sich birgt, die die Lebenskraft auf eine immer höhere Verwirklichungsstufe befördert.

Mit dem Ansatz des *Tantra* und einiger seiner Verzweigungen in anderen Kulturen als Angelpunkt dieses Buches habe ich versucht, die seismische und zugleich kometenhafte Rolle *Shivas,* des aufrüttelnden Atems des Göttlichen, herauszustellen. Deshalb kommen hierin auf jeder Seite Körper und Geist, Erde und Himmel am Begegnungsort der Seele zusammen und wenden sich so an das Empfinden und das

Herz jedes Einzelnen. Der Wunsch nach Sublimierung ist das letztendliche Ziel.

Dieser Wunsch, dieses Begehren spiegelt, wie wir uns erinnern, den ursprünglichen Impuls der Quelle, denn ich sage es nochmals, das Heilige wohnt in allem, vom menschlichen Geschlecht bis zum Scheitel, vom Schoß der Erde bis zur Zirbeldrüse der Universen und noch viel weiter, wo Worte nichts mehr bedeuten.

Wenn ich mir mitunter unsere Welt und uns Menschen, ihre vorübergehenden Mieter, anschaue, werde ich oft von einer Art Vision "ergriffen". Dann sehe ich uns als einen Schwarm Mücken, die unaufhörlich gegen eine Fensterscheibe fliegen, weil sie an einen Ort dahinter gelangen wollen. Aber sie können ihn nicht erreichen, weil sie den Weg dorthin nicht kennen.

Darin ist aber keine Geringschätzung zu sehen. Es ist nichts anderes als eine Feststellung in Form einer Analogie, und ich hoffe, dass sie zu den Wahrheitssuchenden spricht, die ich die Abenteurer des Geistes nenne. Sie trotzen der Angst vor der inneren Leere, um das Unendliche zu betrachten und sich Seinen Armen anzuvertrauen.

Sind das nur schöne Ideen, die schöne Prinzipien aufzeigen? Keinesfalls! Eher ist es ein Versuch, neu aufzuschreiben, was ist, und Ausdruck der Notwendigkeit, unsere trügerische Blase zum Platzen zu bringen. Sie ist voller Illusionen, und wir haben gelernt, sie aufrechtzuerhalten. Denn das Bedürfnis nach Wahrheit und damit Freiheit ist so sehr tabu, dass es zum Argument für regelrechte Kreuzigungen wird.

Manchmal habe ich mich gefragt, ob der Atheismus nicht eine Pflichtetappe auf dem Weg unserer Entwicklung war. Eigentlich war die Frage aber falsch gestellt, denn ich war schon immer davon überzeugt. Klar ist, dass wir in unseren unzähligen Leben alle oder fast alle möglichen "Seelen- und Geisteszustände" durchlebt haben, auch wenn es uns noch nicht gelungen ist, den Weg aus unserem Labyrinth zu finden. Gleiches gilt für den Agnostizismus, der das Göttliche, vorausgesetzt, dass es existiert, als für den Menschen und jede Religion unzugänglich betrachtet.

In Wahrheit scheinen mir beide Positionen logisch und verständlich zu sein, solange die Lehrlinge, die wir sind, nicht ihre Unterwerfung unter die "Doktrin" aufgeben, Beweise zu erlangen oder sich an beruhigende Glaubenssätze zu klammern.

Genau darin unterscheidet sich der tantrische Ansatz, ob er so heißt oder nicht, radikal von den anderen. Indem er alle Wesensbereiche umfasst, lädt er zum Erfahren ein, zum intensiven Erleben, das viele Ausflüchte hinfällig macht. Er bietet jedem Einzelnen Teile einer Antwort, im selben Moment, in dem die Frage gestellt wird. Er schließt nichts aus von all dem, womit der Mensch konfrontiert ist, und auch nichts von all den Dimensionen, die dazu beitragen, ihn zu formen.

Indem er uns lehrt, wie wir die Dualität von Körper und Geist oder auch Sexualität und Spiritualität überwinden können, löst er die Wurzeln der Furcht, ja sogar der Angst.

Sein Prinzip und alle, die ihm in verschiedenen Kulturen und Epochen nahestehen, eröffnen einen Weg der Freude.

Freude ... Ein Wort, dessen tiefe Bedeutung wenig mit unseren üblichen Assoziationen von Vergnügen, Annehmlichkeit oder Spaß gemeinsam hat.

Freude, wie sie die Versöhnung von Materie und Geist im Selbst aufblühen lässt, ist das Fundament des Wesens, das sich sich selbst offenbart. Sie setzt ihren Anker im Erhabenen. Im Übrigen ist es sehr bezeichnend, dass bei den meisten Christen so wenig davon zu finden ist, außer vielleicht in leblosen Worten, also rein theoretisch. Vor sehr langer Zeit hat das berühmte "Lasset uns fröhlich sein", müde und gleichgültig von den römischen Amtsträgern heruntergebetet, unergründlichen Schaden bei den Gläubigen angerichtet.

Aber diese Freude existierte tatsächlich in den Gemeinschaften des Johannes in den ersten zwei oder drei Jahrhunderten. Danach wurde sie immer mehr mit dem Aufkommen einer Denkrichtung zensiert, die von Apostel Paulus eingeläutet wurde. "Gott ist allein in Furcht zu verehren!", verkündete er.

Sie wurde auch zensiert, weil sie als gefährlich, weil befreiend befunden wurde in einem Kontext, in dem der Apostel gewissermaßen Sklaven "Gottes" aus uns Menschen machte, die aufgrund der "Erbsünde" der Pflicht der Buße unterworfen waren. Ein verhängnisvoller Mechanismus der Selbstgeißelung, der hervorragend von Umberto Ecco in seinem großen Werk *Der Name der Rose* aufgeschlüsselt wurde.

Ja, tatsächlich stellt Freude für manche eine Gefahr dar, ist sie doch ein wichtiger Schlüssel zur Weitung des *Sushumna*-Kanals, des Kanals des Baums der Erkenntnis.

Auch bereitet sie Humor und Lachen den Weg, großen Künstlern, die zur Entspannung und Erholung des Wesens beitragen. Viel zu oft vergessen wir ihre Rolle und lassen uns unbewusst von der Maske der Ernsthaftigkeit täuschen und herunterziehen, die wir meist auf unserer inneren Suche aufsetzen.

In Wirklichkeit entschärfen Humor und Lachen unsere ererbten und programmierten Ängste, weil sie erleichternd wirken.

Wenn uns das klar wird, erhält unsere Beziehung zu uns selbst und zur Welt eine andere Farbe und einen anderen Geschmack. Dann erleben wir sie anders, weil wir lernen, in allem eine Gelegenheit zu sehen, uns der Quelle in uns zu nähern, bis in alle Widrigkeiten. Dann gibt es keine wirklichen Misserfolge mehr, die diesen Namen verdient hätten, sondern Lernerfahrungen. Es gibt auch keine verklärten Erfolge mehr, sondern das einfache Glück erhebender Demut.

Sind wir zum Kämpfen und Leiden geboren? Es liegt an uns, das zu entscheiden. Es würde allerdings bedeuten, einem schrecklichen Trugschluss über die Welle des Lebendigen aufzusitzen. Denn wir sind ganz im Gegenteil dazu geboren, der Dramatisierung unserer Existenz ein Ende zu setzen.

Wie viele Konflikte, Tränen, Gewalttaten und Kriege hätten mit ein bisschen Humor und Freude im Herzen verhindert werden können? Wir sollten jetzt lernen, im einen wie im anderen unfehlbare Heilmittel gegen die Verhärtungen des niederen Egos zu sehen. Dann gibt es keine Territorien mehr, die es zu verteidigen gilt ...

Letzten Endes veranschaulicht das Prinzip des *Yab-Yum* diese innere Haltung, in der der Körper beginnt, gemeinsam mit Seele und Geist zu beten, zu meditieren und zu betrachten.

In dieser Haltung kann sich die Blüte der Verwirklichung entfalten, denn ihre Macht ist die Mutter des universellen Glücks.

Und als Abschluss scheint mir nichts besser geeignet als die folgende humoristische Begebenheit, die durchaus von einer bestimmten Philosophie gefärbt ist ...

Die Szene spielt in einem Gotteshaus, wo die Gemeinde andächtig den Worten des Priesters oder Predigers lauscht. In seinem Eifer verkündet dieser mit zur Decke gestrecktem Finger:

"Gott hat gesagt ..."

Doch plötzlich erhebt sich im hinteren Teil des Raums eine Gestalt und ruft:

"Ich? Aber ich habe doch überhaupt nichts gesagt!"

"Ich habe die Identität aller Religionen entdeckt
und zweifle deshalb an keiner,
denn das Göttliche erscheint mir in allem,
vom Sandkorn bis zum entferntesten Stern,
vom unendlich Kleinen bis zum unendlich Großen."

Giordano Bruno

Über den Autor

Daniel Meurois wurde 1950 in Frankreich geboren. Er betätigt sich als ein wahrhafter Erforscher neuer Bewusstseinsebenen und ermutigt uns unablässig, die Multidimensionalität unseres Universums auf eine ganz andere Art zu betrachten. Ebenso fordert er uns auf, dass wir - auf der Suche nach unserer Identität - zunehmend eine neue Sicht von uns selbst entwickeln. Doch hinter dem kühnen Philosophen und Lehrer verbirgt sich auch ein authentischer Schriftsteller, dem es sehr an einer Schönheit der Sprache gelegen ist ... damit diese die Schönheit des Lebens entsprechend zum Ausdruck bringt.

Das literarische Werk von Daniel Meurois ist vielseitig, beeindruckend, mitunter auch überraschend, und dabei immer außergewöhnlich und bahnbrechend.

Nicht ohne Grund sind viele der Bücher, die er im Laufe seiner über vierzigjährigen Tätigkeit als Autor geschrieben hat, internationale Bestseller geworden. Seine 41 Bücher und über 100 Veröffentlichungen in 17 verschiedenen Sprachen machen ihn sicherlich zu einem der Pioniere des Neuen Bewusstseins ... zu einem Wahrheitsforscher, der getreu Zeugnis von seiner Arbeit ablegt und dabei mutig das Universum des Geistes erkundet.

Heute lebt Daniel Meurois in der Nähe von Quebec und arbeitet unermüdlich daran, die Herzen der Menschen durch seine einzigartige literarische Arbeit, seine Seminare und Vorträge zu öffnen.

www.danielmeurois.com

Entdecken Sie das Online-Seminar
von Daniel Meurois und Marie-Johanne Croteau

Ein einmaliges Erlebnis, inklusive des dauerhaften Zugangs zu:

- 4 Stunden 30 min. Vortragsreihe des Autors über das Leben Jeshuas.
- **2 BONUSTEILE:** 2-stündiges Seminar mit Daniel Meurois in Israel.

www.publishvision.de

Um mehr über dieses umfassende Videomaterial in deutscher Übersetzung zu erfahren und KOSTENLOSE VIDEOAUSSCHNITTE zu erhalten, scannen Sie den QR-Code oder gehen Sie auf die oben genannte Webseite.

144 Seiten, Klappenbroschur
ISBN 978-3-89845-682-1
€ [D] 16,00

Daniel Meurois

Die Jesus-Methode

So reinigst du deine 8 Energiezentren

Abgesehen von der Lehre, die Jesus seinen Anhängern und Aposteln vermittelte, gibt es noch eine andere, die weit weniger bekannt ist. Sie wurde nur einem engen Kreis von Jüngern zuteil. Einige praktische Aspekte dieser Lehre sind die acht Übungen zur Reinigung der Chakren. Zu den bekannten sieben Hauptchakren kommt ein achtes hinzu, das rein geistiger Natur ist und uns als Sitz der Seele mit unserem Höheren Ich verbindet. Ein leicht zugängliches Handbuch, welches dazu beiträgt, den menschlichen Körper ins Gleichgewicht zu bringen und die geistige Entwicklung positiv zu beeinflussen.

208 Seiten, broschiert
ISBN 978-3-96933-022-7
€ [D] 16,00

Daniel Meurois

Karmische Krankheiten

Wie wir sie erkennen, verstehen und überwinden

Erkenne den Ursprung karmischer Krankheiten und heile Körper und Seele. Anhand vieler Fallbeispiele beschreibt der Autor, was die Ursachen von verschiedenen Krankheiten sein können und welche Rolle Erinnerungen aus früheren Leben dabei spielen. Sie werden in neue Bereiche vordringen und den karmischen Ursprung einer Krankheit verstehen. Dies ist der Beginn einer inneren Entwicklung, die uns seelisch und körperlich heilen lässt. Mit über 25 Jahren Erfahrung im Auralesen hat Daniel Meurois tausende von Fällen untersucht. Jetzt teilt er mit uns seine Entdeckungen auf diesem Gebiet.

224 Seiten, broschiert
ISBN 978-3-89845-598-5
€ [D] 22,00

Daniel Meurois

Das große Buch der Akasha-Chronik

Der Zugang zum universellen Weltengedächtnis

Daniel Meurois beweist, dass er sich kraft seines Bewusstseins durch die Zeit bewegen kann. Er beschreibt, wie er Zugang zur Akasha-Chronik erlangt und durch welche Arten des Reisens er sich in der Zeit bewegt. Er erläutert die Anatomie der Akasha-Chronik und lässt uns teilhaben an seinen realen Erfahrungen aus den Tiefen der Zeit. Damit bietet er uns einen einmaligen Einblick in das universelle Weltengedächtnis, durch den wir entdecken, dass die metaphysische Erfahrung der Raum-Zeit-Dimension die Tür zum Göttlichen in uns selbst weit öffnet.

384 Seiten, broschiert
ISBN 978-3-89845-521-3
€ [D] 19,95

Daniel Meurois

Jesus' Jüngerinnen

Das geistige Erbe der drei Marien

Christus hatte nicht nur männliche Begleiter, sondern auch weibliche, unter denen sich insbesondere die drei Marien hervortaten: Maria-Magdalena, Maria-Jakobea und Maria-Salome. Nehmen Sie an der Begegnung der drei Frauen teil und lernen sie den Mensch Jesus und dessen Lehren aus weiblicher Perspektive kennen.

Erstaunlich leicht lässt sich Jesus' Lehre auf die Gegenwart übertragen und kann zum Schlüssel einer geistigen Erhebung werden, die wir in den heutigen, bewegten Zeiten so dringend brauchen.

256 Seiten, broschiert
ISBN 978-3-96933-023-4
€ [D] 22,00

Marie Johanne Croteau-Meurois

Die Wunder der heiligen Jüngerinnen Maria Jakobea & Maria Salome

Nach dem Tode Jesu und auf der Flucht vor den Römern machen sich eine Gruppe Jünger, unter ihnen die Jüngerinnen und späteren Heiligen Maria Jakobea und Maria Salome, auf eine Reise ins Ungewisse. Durch die Augen Salomes lässt uns die Autorin an wahren Ereignissen teilhaben; von der Schiffsfahrt von Galiläa in die französische Camargue, wo Salome selbst sowie Martha, Miriam und vor allem Jakobea die Heilkunst, die Jesus sie gelehrt hat, praktizieren werden.

Ein Buch das ein Zeitzeuge ist für das Erbe der heiligen Jüngerinnen und Christi selbst.

208 Seiten, broschiert
ISBN 978-3-89845-640-1
€ [D] 20,00

Daniel Meurois

Maria Magdalena – das wahre Evangelium

Bis vor kurzem war der Öffentlichkeit völlig unbekannt, dass Maria Magdalena die Inspirationsquelle eines Evangeliums ist. Das Manuskript, welches ihren Namen trägt, wurde Ende des 19. Jahrhunderts entdeckt. Der Text ist faszinierend ... war aber leider unvollständig, zahlreiche Seiten fehlten.

Daniel Meurois hat sich ins Gedächtnis der Zeit vertieft und macht uns dadurch ein großes Werk ganz neu zugänglich: das verschollene Evangelium der Maria Magdalena.

480 Seiten, gebunden
ISBN 978-3-96933-044-9
€ [D] 28,00

Daniel Meurois

Jesus. Die unbekannten ersten dreißig Jahre

Die Zeit des Erwachens

Lange verborgen, jetzt offenbart – Jesu verschollene Jahre.
Alles Überlieferte begann, als Jesus schon ein erwachsener Mann war, das Wort Gottes predigte und bereits Wunder vollbrachte. Aber was wissen wir über sein Leben davor? Über seine Kindheit, seine Jugend?
Daniel Meurois liefert uns nun einen lückenlosen Bericht aus der Akasha-Chronik über das Leben Jesu Christi – die wohl geheimnisvollste, aufregendste und bedeutsamste Figur der Menschheitsgeschichte.

736 Seiten, gebunden
ISBN 978-3-96933-053-1
€ [D] 36,00

Daniel Meurois

Jesus. Die wahrhaftige Aufgabe und seine Jahre nach der Kreuzigung

Die Zeit der Vollendung

Daniel Meurois gewährt uns Einblicke in Jeshuas (Jesus) Erwachsenenjahre und die Zeit nach der Kreuzigung bis zu seinem Tod im hohen Alter. Er enthüllt die wahre Rolle von Judas sowie bislang unbekannte Lebensstationen von Jesus, wobei deutlich wird, dass er während seines Erdenlebens eine bedeutende Aufgabe zu erfüllen hatte. Die Taufe am Jordan markierte den Anfang seiner irdischen Mission, doch sein Wirken ging weit darüber hinaus. Daniel Meurois ermöglicht es uns, Jesu wahre Natur besser zu verstehen – auch indem wir von Lehren erfahren, die bislang im Verborgenen blieben.

304 Seiten, broschiert
ISBN 978-3-89845-629-6
€ [D] 25,00

Daniel Meurois

Von oben betrachtet

Ein überirdischer Dialog mit der galaktischen Bruderschaft

Daniel Meurois' Begegnung mit einem Boten der galaktischen Bruderschaft gewährt Einblicke in neue Ebenen der Wahrnehmung und ermöglicht es, in Höhen aufzusteigen, von denen aus gesehen unser Leben eine völlig andere Bedeutung bekommt ...
So eröffnet das Buch einen Zugang zum Verständnis des Lebens auf unseren Nachbarplaneten und kann den Wandel unseres Bewusstseins vorantreiben.
Eine ganz besondere Begegnung für alle, die es wagen wollen, ihre inneren Grenzen zu überschreiten.

192 Seiten, durchgehend farbig gestaltet, Flexocover
ISBN 978-3-89845-657-9
€ [D] 32,00

Horst Oberle

Das große Buch der Klangschalen

Die Kraft der Singing Bowls

Geschichte · Herstellung · Auswahl · Klangmassage · Meditation

Neben der Vorstellung verschiedener Klangschalenvarianten und -übungen bietet dieses Praxisbuch einen Überblick über ihre Geschichte, Herstellung und Pflege und lehrt eine individuelle und intuitive Anwendung.
Schenken Sie Ihrem Leben wieder Harmonie. Klangschalen bringen unser Körperwasser in harmonische Schwingungen, lösen Verspannungen, aktivieren Selbstheilungskräfte und lassen uns tiefenentspannen.
Bringen Sie Ihr Leben in Klang und ihre Seele zum Schwingen!

416 Seiten, durchg. farbig, Flexocover
ISBN 978-3-89845-554-1
€ [D] 36,00

Indu Arora

Das große Buch der Mudrās

Heilende Übungen für Körper und Seele

Indu Arora ist eine Yoga-Meisterin, Yoga-Therapeutin, ayurvedische Klinikmedizinerin und Autorin mit langjähriger Lehrerfahrung. Mit diesem Buch eröffnet sie uns die Welt der Mudrās. Oder in ihren Worten: »Ich möchte mit Ihnen die Weisheit des Yoga und Ayurveda teilen, die Einfachheit in unser kompliziertes Leben bringt. In Harmonie mit unserer inneren Natur und der Natur als solcher zu leben, bringt uns Gesundheit. Nichts hat eine größere Macht, uns zu heilen, als das Selbst!«

180 Seiten, durchgehend farbig, inklusive CD, Flexocover
ISBN 978-3-89845-408-7
€ [D] 19,95

Véronique Aïache

Die Schnurr Therapie

Wie Katzen uns heilen

Das sanfte Schnurren einer Katze verbreitet nicht nur Wohlbehagen und Wärme, es hat auch eine wohltuende Wirkung auf Körper und Seele. Schnurren ist ein Anti-Stress-Faktor, kurbelt das Immunsystem an, gleicht den Blutdruck aus und unterstützt die Psychomotorik.
Entdecken Sie die Geheimnisse dieses natürlichen Heilmittels und die Heilkräfte des Schnurrens. Neben praktischen Übungen, Fallbeispielen und vielen Fotos enthält dieses einmalige Buch eine 30-minütige CD mit Katzenschnurren, damit auch Menschen ohne Katze die wohltuende Wirkung des Schnurrens erleben können.

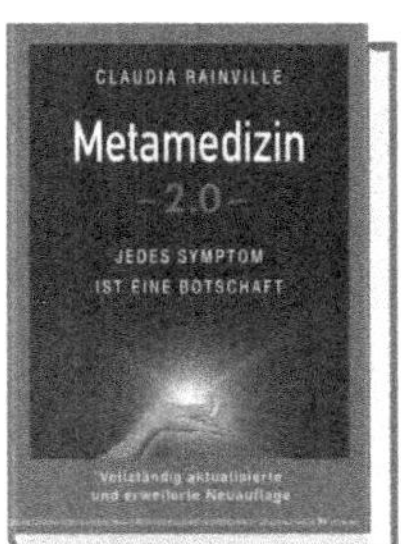

512 Seiten, gebunden
ISBN 978-3-96933-000-5
€ [D] 30,00

Claudia Rainville

Metamedizin 2.0

Jedes Symptom ist eine Botschaft

Jedes Symptom ist ein Hilferuf der Seele.
Vor 25 Jahren erschien Metamedizin zum ersten Mal. Es wurde zum Bestseller. Seitdem hat sich das Erfahrungsspektrum der Autorin erweitert und eine Überarbeitung erfordert, so ist ein fast neues Buch entstanden: Durch eine Synthese aus therapeutischen Erfahrungen und einer ganzheitlichen Betrachtung hat sie einen neuen Zugang zu Krankheiten gefunden.
So ist Metamedizin 2.0 ein Nachschlagewerk, das über die Symptombeseitigung hinausgeht, indem es den Fokus auf die Suche nach der wahren Ursache der Erkrankung legt.

248 Seiten, broschiert
ISBN 978-3-89845-471-1
€ [D] 16,95

Joachim Vieregge

Einfach gute Gedanken

Heilung unseres feinstofflichen Körpers

Die Ursache vieler Probleme liegt auf der Ebene unserer Gedanken, auf der sich negative Gedankenformen eingenistet haben. Joachim Vieregge erklärt, was negative Gedankenformen sind und zeigt uns, wie wir diese auf einfache Weise transformieren und wandeln können, so dass die Last von leidvollen Gedanken aufgehoben wird, an die wir viel zu lange geglaubt haben. Dann können wir das erleben, was unsere tiefste Sehnsucht ist: Das Leben befreit genießen.

168 Seiten, broschiert
ISBN 978-3-96933-006-7
€ [D] 16,00

Ingrid Theresia Bleier

Mit deinen 7 Sinnen zum gesunden Menschsein

Wie wir wieder lernen, uns selbst zu vertrauen

Wie lebe ich gesund und wie orientiere ich mich in turbulenten Zeiten? Das ist die Frage nach gesundem Menschsein und Menschbleiben. Das Wissen um die eigenen 7 Sinne zeigt uns einen einfachen Weg, wie wir zu Achtsamkeit, Balance und Klarheit finden. Der Mensch ist mehr als sein Körper – unser Sinnessystem ist der Zugang zu bewusster Wahrnehmung, Intuition und Selbstbestimmtheit.
Das Buch ist ein Leitfaden für jeden, der sich auf seine 7 Sinne verlassen und einen inneren Kompass entwickeln möchte. Es öffnet neue Türen, um jede Herausforderung perfekt zu meistern und zugleich körperlich und seelisch gesund zu bleiben.

Weiterführende Informationen zu
Büchern, Autoren und den Aktivitäten
des Silberschnur Verlages erhalten Sie unter:
www.silberschnur.de

Natürlich können Sie uns auch gerne den
Antwort-Coupon aus dem beiliegenden
Lesezeichenflyer zusenden.

Ihr Interesse wird belohnt!